「先生力」をつける！

…待ち遠しい音楽授業のために♪

橋本龍雄
松永洋介
吉村治広 著

教育出版

はじめに

　この本は、近い将来学校で音楽教育を実践していきたいと夢と希望に燃えている学生の皆さんや、小学校の学級担任や小・中・高校で音楽の授業をされている先生、あるいは民間の音楽教室や自宅・公民館で音楽教育に携わっている先生など様々な方々に、子どもが「待ち遠しい音楽授業」を実現させて欲しいと心から願って企画されました。

　子どもが待ち遠しい音楽授業とは、どのような授業なのでしょうか。子どもの現実の姿や事実を具体的に見る。そして、自分自身の音楽や教育の捉え方をもう一度立ち止まって考えてみる。そこから待ち遠しい音楽授業のヒントを探っていきたいと思いました。

　そこで必要となってくるのが「先生力」です。

　「先生力」とは何か？　これはこの本の造語です。

　どんな時も子どもの方を見て、子どもの行動（様子）を見続けて、一所懸命に子どもから学ぼうと努力し続ける先生自身の姿勢の強さを象徴したものを「先生力」と呼ぶことにしました。

　学校業界でよく使われている「教師力」や「指導力」という言葉は、先生の子どもを教える力量の有り様を表し、先生から子どもへ向かうベクトルに重きを置いています。この本の「先生力」は、子どもから先生自身が学ぶ、つまり、子どもから先生に向かうベクトルに重きを置きます。

　子どもを変えようとしてもそう簡単に変わるものじゃない。まず先生自身が子どもとかかわり、子どもの事実からたくさんのことを一所懸命学ぼうとする。そこで初めて先生自身が変わっていける。子どもとかかわる先生の姿勢こそが、子どもが変わる大きな要因ではないかと思うのです。

　先生の、子どもから学ぼうとする姿勢を「先生力」とし、子どものどんなところ・どんな行動や発言をどう学ぶのか、そのきっかけや考え方をこの本の柱に据えました。

　私たち三人は、誰にも遠慮することなく、書きたいことを書きたいだけ書きました。意気込みは相当なものです。しかし筆力の拙さのために皆さんに真意が伝わるかどうか、心配の種は尽きそうにありません。

　この本がきっかけとなって、子どもにとって「待ち遠しい音楽授業」の姿が見え隠れするようになれば、こんなに嬉しいことはありません。

　どうぞ「先生力」を！

著者を代表して

橋 本 龍 雄

目次

はじめに………… 3

第1章　子どもから学ぶ

1　子どもから学ぶ。それがすべて ……………………………………… 10

2　表現と鑑賞、「音を聴く」 …………………………………………… 12
　　～なま身の体が感じるからこそ素晴らしい！～

3　音を聴け！ ……………………………………………………………… 16
　　～「マイ・サウンド・ブック」がおもしろい！～

4　「いい音」を探せ ……………………………………………………… 20
　　～個性を生かすとは～

5　討議会のない研究授業？　サイテー！ …………………………… 23
　　～アリバイ的な研究(?)授業、それでいいのか～

6　こんな音楽の授業でいいのか？ …………………………………… 25
　　～子どものための授業を求めて～

7　"拍子" ってなんぞや!? ……………………………………………… 28
　　～肝心なこと、つかめ～

8　「リズム」に注目！ …………………………………………………… 30
　　～「世界のリズム」を体感せよ！～

9　"ケチャ" との出会いは一生もの！ ………………………………… 36
　　～世界中から注目される理由～

10　やっぱり "ケチャ" ………………………………………………… 38
　　～ケチャがあぶり出した音楽教育の価値観～

11　ダマされたと思って、やってみて ……………………………… 40
　　～「ケチャ」…百聞は一見に如かず～

12　《未体験ゾーン》へご招待！ ……………………………………… 44
　　～「ケチャ」…音楽の不思議体験の方法～

13　これからは "指揮" がおもしろい！ ……………………………… 48
　　～ノンバーバル・コミュニケーションのすすめ～

14　リコーダー指導のあり方 …………………………………………… 52
　　～子どもをもっと見る。子どもに学べ～

15 リコーダーとその歴史 《これで十分！》 ……………………………………… 54

16 リコーダー：これを知れば、最高！ハッピー！ ……………………………… 56
　　〜取り扱い《ここがポイント！》〜

17 指づかいは、音と音とのつながりでみる！《ここがポイント》 …………… 58
　　〜教育楽器だからこそ、ここまで研究されている！〜

18 これだけでいい！ コピーして、いつも見て ……………………………… 62
　　〜リコーダー指導の要点〜

19 子どもが大ノリ。やさしくて深い学習！ ………………………………… 64
　　〜「1曲で3度おいしい」が生み出す音楽授業〜

20 活動全体を見通す力を培う ………………………………………………… 68
　　〜「楽器づくり」でひらく待ち遠しい授業1〜

21 自信なくて当たり前！「心得帳」 ………………………………………… 70
　　〜「楽器づくり」でひらく待ち遠しい授業2〜

22 今こそ！ 総合的な学習を ………………………………………………… 73
　　〜古代楽器「土笛」への招待〜

23 古代のロマン…「土笛」をつくろう！ …………………………………… 78
　　〜古代楽器／歴史・粘土・野焼き／体験〜

24 知ってるつもり…ポピュラー音楽 ……………………………………… 84
　　〜今にいたる人気の大衆音楽とその楽器〜

25 《守り子歌》を知っているか ……………………………………………… 86
　　〜子守歌の何を教えるのか〜

26 音楽にできること ………………………………………………………… 88
　　〜社会の中の音楽と自分〜

第2章　音楽授業の基本を学ぶ

27 学習指導要領を学ぶ ……………………………………………………… 92
　　〜学習指導要領をどう読むのか。指導案にどう生かすのか〜

28 「指導計画の作成と内容の取扱い」について ………………………… 96
　　〜音楽授業に生かすために〜

29 音楽の授業の組み立て方 ………………………………………………… 100
　　〜45分をどう乗り切るか〜

30 歌唱指導の方法(1) ·········· 104
　〜指導内容を明確にした歌唱の授業を〜

31 歌唱指導の方法(2) ·········· 109
　〜ピアノが弾けなくても音楽の指導はできる〜

32 ストロー笛で楽器の原理を学び鑑賞学習へ ·········· 113
　〜楽器づくりから音色の理解へ〜

33 指導案の書き方 ·········· 119
　〜教育実習で音楽の授業をするハメになったときの指導案の書き方〜

34 指導案・よくある間違い事例集 ·········· 123
　〜誤変換、誤字、誤表記のいろいろ〜

35 音楽づくりで「反復」と「変化」を学ぶ ·········· 128
　〜〔共通事項〕と関連した音楽づくり〜

36 鑑賞指導 ·········· 134
　〜感想を書くだけの鑑賞指導からの脱出〜

37 サバイバルピアノ伴奏法(1) ·········· 138
　〜ピアノが苦手な学生もアンジェラ・アキのように弾き歌いができる〜

38 サバイバルピアノ伴奏法(2) ·········· 144
　〜ヘ長調やト長調もへっちゃらだ〜

第3章　誰がために鐘(チャイム)は鳴る
― 子どもたちとつくる新しい音楽科の授業 ―

39 子どもの何をどのように育てているのか？ ·········· 150
　〜音楽科の今そこにある危機〜

40 伝えるべき教科の本質とは？ ·········· 152
　〜「質の経験」としての教育〜

41 社会に貢献する教科として ·········· 154
　〜ESD の視点から〜

42 子どもの「今ここ」に届けるために ·········· 156
　〜ポピュラー音楽を教材にしてみると〜

43 音楽嗜好を活用する前に ·········· 160
　〜「よさと好みの切断」から〜

44 価値観の拡大に向けて ·········· 162
　〜とらわれている自分に気づく〜

45 技能指導の前提 ……………………………………………………… 166
　　～どの程度上手ければよいのか？～

46 「音色」が不問にされている現実 ……………………………… 170
　　～どんな声で歌えばいいの？～

47 「共通事項」を知覚するということ ……………………………… 172
　　～混同される「速度」と「リズム」～

48 「テクスチュア」の理解の方法 ………………………………… 174
　　～「音楽の縦と横の関係」のおもしろさ～

49 歌詞解釈の可能性 ………………………………………………… 178
　　～メッセージを受け取る姿勢の大切さ～

50 音楽の世界観を捉える …………………………………………… 182
　　～映像表現との関連を図って～

51 ミュージカルやアーティストに学ぶ …………………………… 184
　　～音楽の社会的役割～

52 プロデュースを通して考える …………………………………… 186
　　～そのよさを最高に生かすには～

53 強度発生の現場から ……………………………………………… 188
　　～アイドルという総合芸術～

〈付録〉小学校歌唱共通教材

Ⅰ　ハ長調（C、F、G）
　　かたつむり ……………………………… 190
　　夕やけ こやけ ………………………… 190
　　春が きた ……………………………… 190
　　虫の こえ ……………………………… 191
　　春の小川 ………………………………… 191
　　ふじ山 …………………………………… 191
　　まきばの朝 ……………………………… 192
　　とんび …………………………………… 192

Ⅱ　ヘ長調（F、B♭、C）
　　ひのまる ………………………………… 193
　　もみじ …………………………………… 193
　　こいのぼり ……………………………… 193
　　冬げしき ………………………………… 194
　　ふるさと ………………………………… 194

Ⅲ　ト長調（G、C、D）
　　うみ ……………………………………… 195
　　茶つみ …………………………………… 195
　　スキーの歌 ……………………………… 195

Ⅳ　ニ長調（D、G、A）
　　われは海の子 …………………………… 196

Ⅴ　ハ長調（弱起）
　　おぼろ月夜 ……………………………… 196

Ⅵ　日本の伝統音楽
　　ひらいたひらいた ……………………… 197
　　かくれんぼ ……………………………… 197
　　うさぎ …………………………………… 197
　　さくら さくら ………………………… 197
　　子もり歌 ………………………………… 198
　　越天楽今様 ……………………………… 198

第1章
子どもから学ぶ

子どもから学ぶことの大切さ。
どの子も例外なくしっかり見ることの大切さ。
子どもの事実の一つ一つが、どのような意味を持つのかを考える。
子どもから学ぶということ。言い換えれば、子どもをどうみるかが、これから一層教師に問われるだろう。
"子どもから学ぶ"
授業づくりの土台にすべきことばは、これだ！

　　　　　　＊　　　　＊　　　　＊

　つい先日、娘から聞いた話。中国最古の経典「書経」より。
【教うるは学ぶの半ばなり】
だから、常に学ぼうとする姿勢が大切だ。
「教」の元の字は《敎》、「学」は《學》。
教えることと学ぶことは本来一つの漢字から出た字だという。納得！

（橋本龍雄）

1 子どもから学ぶ。それがすべて

　　子どもがいてこそ「授業」がある。教師の教えたいことが子ども全員
の共通の課題となり、子ども自身の問題として意識されたとき、教師と
子どもとの「授業」がそこから始まる。

一生懸命、子どものために授業をしていたが

　新任の頃、研究授業後の討議会で、「子ども抜きで授業をやっている」
「先生の独り相撲だ」と同僚の先輩から指摘を受けた。勤めていた小学
校で毎月行われていた校内研究会（授業研究）での指摘だった。

　こんな楽しいことを子どもに教えたい。自分の中では「一生懸命子ど
ものために」の気持ちが充満していた。このような子どもにしたいとい
う、理想の子ども像をめざして一生懸命に授業をしていたのである。

誰のための音楽会か

　校内音楽会等の発表会がある。私は、子どもの演奏力の高さをアピー
ルして高い評価を得ようと、遮二無二授業をガンバッテいた。音楽の授
業は、音楽会出演に向けて「このような気持ちで演奏せよ」と子どもに
指示を出し、子どもはそれに応えようと一生懸命に歌うという「練習の
時間」であった。そして、本番で披露したのは、「子どもを通して表現
した私自身の音楽性」だったことに、気づいていなかった。

美しい音は、澄んだ音か

　当時、私は「美しい響き」という概念に対して、雑音のない澄んだ音
が集まった音響をイメージしていた。いわゆる西洋の芸術音楽の基盤と
する音の世界である。「美しい響き＝澄んだ音」の価値観は、子どもも
同じだと思っていた。そして、音楽会の前に、強烈な一撃を与えられる
出来事が起こった。

先生、うれしいやろ！

　3年生の合同音楽の授業。校内音楽会に向けて、「きれいな音をつく

ろう」を目標にしてソプラノ・リコーダーに取り組んでいた時である。

　先天的な障がいをもつＡさんは、吹いてピーと音を出せるようになってきた。そのＡさんが今日は休んでいた。

　「全員できれいな音を出そう」と私が指示した直後、Ａさんといつも遊んでいるＢさんが私の顔を見上げて、

　「先生、今日Ａさんがいないから、うれしいやろ。」

　私は目の前が真っ白になり、猛烈な鼓動を感じながら立っていた。

　「僕らの音はなぁ、Ａさんもおって、僕らの音やねんで。」

自分が変わることから

　林　竹二[注1]は、教育実習を開始する学生に次のような話をした。

　「最後につけ加えておきたいことは、教師が教えたいことを持っていて、それが子どもの追求したい課題に転化するために、一番大事なことは、教師がたえず子どもに学んでいく能力を持つことです。それから子どもとのふれあいを通じて自分が変わっていくことができることです。自分を変えないで、子どもを変えるなんていうことを考えたらだめです。自分が変わることによってしか、子どもは変わりません。子どもの事実からいかにたくさんのことを学び、引き出して学びとり自分を変えていけるかということが、教育の可能になる唯一の道だということ、これをひとつ記憶しておいて下さい。」[注2]

子どもから学ぶ

　子どもから学ぼうとしない限り、教師自身は変わらない。

林　竹二は「自分が変わることによってしか子どもは変わらない」という。

　子どもから学ぶことの大切さ。

　どの子も例外なくしっかり見ることの大切さ。

　子どもの事実の一つひとつが、どのような意味を持つのかを考える。

　子どもから学ぶということ。言い換えれば、子どもをどうみるかが、これから一層教師に問われるだろう。

　"子どもから学ぶ"。　授業づくりの土台にすべき言葉は、これだ！

【注1】林　竹二（1906〜1985）森有礼、田中正造の研究で名高い教育哲学者。全国の小中高の学校を回って「人間について」の授業を行う。
「人間について」は、林　竹二『授業　人間について』（国土社）に詳しい。林　竹二の話を聴く子どもの表情も授業の中で変わっていく様子が写真とともに掲載されている。

【注2】林　竹二『教えるということ』163頁、国土社、1978

考えてみよう・やってみよう

　どのようなことを子どもから学べるだろうか。子どもの具体的な様子をイメージして、その様子から何を学べるのかをあげてみよう。

2 表現と鑑賞、「音を聴く」
～なま身の体が感じるからこそ素晴らしい！～

表現とは

　表現とはどのようなことなのだろうか。平たく言えば、驚いたこと、悲しんだこと、うれしかったこと等、心に感じたこと（感動したこと）を自分の体やモノを通して、自分の体の外に表すことだといえる。

　日本の学校教育では、文字と言葉を使って表すことに授業のほとんどを使っていると言っても過言ではない。音楽では「音」であるはずだ。文字や言葉では表現できない思いもある。

　実際の授業ではどうだろうか。子どもの感動したことが、どのような形で表現されるのかを、小学校5年生の実践から見てみよう。

　子どもの手でつくった土笛（p.73～83参照）を持って、学校近くの裏山へ吹きに行ったときのことである。子どもらは様々な場所で土笛を拭きながら鳥の声や草木のざわめきを聴いた後、学校に戻って感想文を書き、それを発表しあった。A君は次のような感想文を書いた。

> 　土笛を吹きにいって、草の匂いがすごくくさかったけどなれた。石のほうでん（筆者注：石の宝殿。露出した古墳の石室のこと）の中に入って土笛を吹いたら、響いてすごくきれいだった。僕は打上神社に山小屋をつくってそこに住みたいと思った。

　A君は土笛を使った音楽づくりの過程で、石の宝殿の中で吹いたときの土笛の音を取り入れようとした。A君はそのときの音を再現しようとしたのだった。何度も試した結果、音楽室ではその音は再現できないことがわかった。A君は「もっとええ（いい）響きやねん。」と何度も同じグループの子にアピールするのだが、なかなかわかってもらえない。

　グループの子はA君のいう「ええ響き」をワカルために再び石の宝殿へ行った。ワカッタ。しかしクラス全員には、このままでは「ええ響き」を伝えることはできない。このグループの子らは考えた。どうしたらクラス全員に伝えることができるか。考えた結果、「ええ響き」がしているつもりでA君は土笛を吹くことになった。

A君の吹く土笛の音は実際には、石の宝殿の中で吹く音の響きとはかなり違っているはずだ。今A君が吹いている音は、石の宝殿の中での音を復元した音ではなくて、「ええ響き」がしているつもりで吹いている音なのだ。つまり、石の宝殿の中で吹いたときにA君が感じた「ええ響き」を思い出し、その感動を今吹く音に表している。言い換えれば、「表現」しているのである。

　こうしてA君のグループは、A君が感じた「ええ響き」を「表現」という方法でクラス全員に伝えたわけである。

鑑賞の原点「音を聴く」

　鑑賞というと、例えば音楽の授業で行われるサン・サーンスの《白鳥》の作品を聴いて、チェロがどのように演奏していているかというように、作品を分析的に理解することのように思ってしまうのは、私だけではないと思う。

　私たちの生活の中で音楽を聴くときは、ほとんどこのような分析的な聴き方をしてはいない。

　音楽を聴いてホッとする。いいなぁと思う。体が自然に動く。ノリがいい。というように自分の心を開いて聴いているように思える。

　聴き方が違うのである。

　そこで、聴くということを身近なことから考えてみたい。

　音楽というものは一言で言うと、音を集めたもの。その音の集め方を秩序立てたり構成したりして、美しい世界（何を美しいと感じるかは人様々が当然。）を創造するものなのである。音楽教育というのは、そういうことを子どもに経験させることだということが見えてくる。

　自分の身のまわりには音楽の素、つまり音が溢れかえっている。音の洪水の中で生活していると感じることが益々増えてきた。やかましい。公共の場でも、他人のつくる音が土足で上がり込んでくる。

やかましいぞ、JR！

　「列車が到着しますので、二列に並んでお待ち下さい。」「降りる人を先にお通し下さい。」「順序良くお降り下さい。」

　しゃべり続ける駅員のアナウンス。余計なお世話だ。駅員がしゃべらなくとも、乗客は皆二列に並んで待っている。降りる人が降りないと中に入れないだろう。JR大阪駅のホームは一日中人で溢れているが、皆整然と並んでいる。余計なアナウンスはいらない。大音量でしゃべる声で、列車の近づく音が聞こえないのだ。やかましいぞ、JR！

第1章 子どもから学ぶ　　13

営業時間中はエンドレスで流れるスーパーのテーマ音楽。デパートも喫茶店も、どこへ行っても音楽、音楽。静かな喫茶店はないのか。

学校の給食時間。流れ続ける校内放送の音楽。その音量に負けじとばかりにしゃべる子どもの声。体育館でも生声で十分聞こえるはずなのに、必ずマイクを使ってしゃべる教師。運動会が近づくとマイクの声と音楽が周辺地域を飲み込む。なんという騒々しさだろう。

音は生活の中で生み出していくもの

世の中の音、生活の音が一昔前と比べて確実に大きくなっている。私たちは知らぬ間に、大きな音や騒々しさに慣れっこになってしまっている。環境問題が話題になるが、音についてはほとんど聞かない。音の質は言うに及ばずである。

現在のこのような情況を50年近く前に予見・警鐘を鳴らし、「失われていく暮らしの中の音を保存し、人間的な住みよい音の環境をつくり出していこう」と提唱したのが、カナダの作曲家マリー・シェーファーだった。今や音楽教育では環境の音を無視することはできない。日本の音楽の教科書でも平成4年度版（小学校）から町の音を聴く学習が初めて設定された（教育出版）。それから十数年たった今、どうだろうか。

音は受け身ではなく、私たちの生活の中で積極的に生み出していくものであるという認識が、今こそ大人にも、子どもにも、とりわけ教員養成の大学教員と学校現場の教師に必要なのである。

音楽の授業では、「音の聴き方」も学習する。

音を聴く子どもから学ぶ

表現と鑑賞はどのようなところで関連するのだろうか。先に紹介した土笛の実践事例に戻ってみよう。

【子どもの感想文から】

☆私たちが（土笛を）吹かなかったら、すずめは鳴かない。私たちが吹いたらスズメは鳴いた。

☆約2時間で飛行機が10回以上飛んでいたのでびっくりした。

☆学校はすごくうるさいことがわかった。飛行機が飛ぶときには、鳥は鳴かない。

☆土笛を吹くと、鳥も大きな声で鳴いて、飛行機が来るとぱぁーと静かになった。

☆どくだみのにおいがすごかったけど、すぐに慣れた。学校や家では

聞けないかすかな音、飛行機の音が聞こえた。土笛のかすかな音まではが響いて、きれいな音色だった。鳥が警戒するように、土笛に合わせるように鳴いた。静かで、なんかきれいな土笛の音が聞けた。学校や家は静かそうでうるさい。

　子どもが感じたのは、土笛の音の違いだけでなく、裏山の中で聞こえてきた様々な音の違いだった。草の匂いも同時に感じている。
　土笛を吹きに行って、子どもは土笛の音以外の様々な音を聴き、その音の質の違いに気づいている。学校と裏山や自分の家の音環境について、思いをめぐらしている子ども。その感性のすごさに驚かされた。
　「どのように音を聴くか」は、その音だけを聴くのではなく、「音を含めた環境のすべてを丸ごと捉えて聴くこと」だということを子どもに教えられた。p.12で紹介した音楽づくりでの事例は、この裏山での体験をテーマにして行ったときのものである。

考えてみよう・やってみよう

　音の鳴るものを持って、公園や神社などへ音を聴きに行こう。持参した音のなるもの以外に、どんな音が聴こえるだろうか。その音を忘れないように紙に描き、数日後、描いた紙を見ながらその音を思い出して、好きな音に○を、嫌な音に×をつけておこう。

第1章　子どもから学ぶ　　15

3 音を聴け！
～「マイ・サウンド・ブック」がおもしろい！～

音を聴け！
　身のまわりの音を聴こう！　そして聴いた音を紙に書き留めておこう。聴いた音を忘れないために。音の描き方（書き方）は自由だ。紙に描いた音の情報を見ると聴いた音が思い出せるように書き留めれば良い。線でも図でも文字でも絵でも、どのようにかいてもよい。聞き耳を立てて聴こう。聴いたら描く（書く）。
　次に場所を移動しよう。すてきな音やユニークな音に出会えるかもしれない。様々な場所で聴こう。

サウンド・ブックをつくる
　A3用紙1枚を使って全8頁の「マイ・サウンド・ブック」（図参照）をつくろう。この本は、少し厚めの紙一枚を図のように組み立てると出来上がる。これは30年以上前に、「遠足のしおり」をこの方法でつくったことから思いついて、サウンド・ウォークと合体させて実践した。子どもらは夢中になって取り組んだので毎年実践し、今も大学の授業で必ず行っている目玉の取り組みの一つである。
　聴いた音を思い出しながら、一冊の音の本をつくることになる。いわば音を作品として構成するわけだ。音のストーリーがあってもいいし、様々な聴いた音の場面集であってもいい。自分の思いが自然と表現されるから不思議だ。上手い下手では測れない、その人しか聴き得ない音とイメージをつかもうと評価することになる。色鉛筆を使って描こう！

「マイ・サウンド・ブック」のつくり方

〔参考文献〕
宮野モモ子・本多佐保美編（2009）『小学校音楽科教育法』教育出版

私の勤務している大阪音楽大学の授業（創作指導法）で行っているこの実践から、学生の「サウンド・ブック」を紹介しよう。
　授業は、教室内の音を聴くことから始まり、教室内から大学構内へ聴く場所を広げ、最終は大阪伊丹空港滑走路の先端付近（阪急曽根駅から徒歩30分）で行う。翌週、A3用紙1枚を使って全8頁の「サウンド・ブック」の製作を行い、本に色鉛筆を使って描いた。

【作品1】
「Music College」は、大阪音大らしい特徴的な音を探して、大学構内を歩いて見つけた音を描いたという。感じが出てる。「恋する心臓の音」、パウゼ（食堂）だからこそ聞こえるのだろう。ワカル！

「Music College」

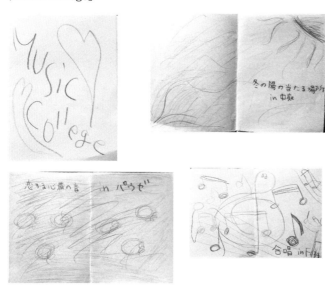

【作品2】
「音大生の昼休み　イン　パウゼ」は、学生食堂の特徴ある音を採集して描いた作品。「机や椅子を引きずる音」「焼きたてパンのいいニオイ」「止まらない＆オチのない怒濤のおしゃべり」「よく噛んで食べるモグモグの音」「机の上にトレイやかばんを置く音」「みんなの楽しそうな笑い声」のキャプションと、取り上げる音が秀逸。

「音大生の昼休み　イン　パウゼ」

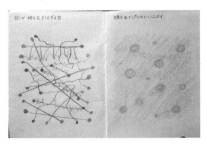

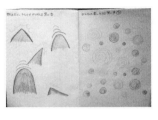

【作品3】
「potato」は、じゃがいもをめぐる音の数々を採集して描いた作品。「収穫の音」「洗う音」「切る音」「火でゆでる音」「食べる音」の一連が、まさにじゃがいもの一生である。作者のこだわりと愛着が伝わってくる。

「potato」

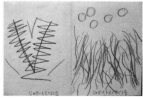
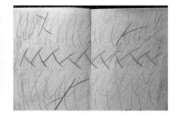

【作品4】
「ひこ〜き」は、冬の寒い日に、伊丹空港滑走路の先端付近へサウンド・ウォークに行ったときの作品。

　遠くからやってくる飛行機の音のクレッシェンドとともに、寒さの中で待ちに待った心情も伝わってくる。

「ひこ〜き」

> **考えてみよう・やってみよう**
> 「マイ・サウンド・ブック」をつくってみよう。普段では経験しない「感覚」と「思い」が自分の中から湧いてくるのがワカル！

第1章　子どもから学ぶ　　19

4 「いい音」を探せ
〜個性を生かすとは〜

　音楽科のみならず、全教科例外なく「個性を大切に」して授業が行われているはずだ。しかし、学校現場では学級崩壊が進んでいる。止まることがない。果たして、授業の中で子どもの個性は生かされているのだろうか。

　音楽の授業で「個性を生かす」とはどのようなことなのだろうか。ここでは、「いい音」の子どもの捉え方に焦点を当てて考えてみよう。

教師の「いい音」とは

　黒板に「いい音さがそう」と書かれてある。

　小学校2年生の授業のテーマである。

　子どもが歌う曲のフレーズ（4小節）の終わりに、歌といっしょに任意の楽器でド・レ・ミと演奏して、いい音を探す授業である。

　教師は子どもに好きな楽器を選ばせた後、歌に合わせて指定のところでその楽器を演奏させた。

　　教師：いい音がしてますか？
　　子ども全員：ハーイ。
　　教師：では、前に出て演奏してもらいましょう。

　前に出て来た子どもに木琴、鉄琴、ハーモニカ、鍵盤ハーモニカ、キーボードを一人ずつ順に、ド・レ・ミ　と弾かせた後、

　　教師：（子ども全員に）どの音がいい音でしたか？
　　子ども：（口々に）木琴。鉄琴。キーボード。……。
　　教師：それぞれの楽器はどれもいい音がしますね。

　と、まとめて全1時間の「いい音さがそう」の授業が終わった。

　授業の後、授業者は「子どもなりの『いい音』を見つけてくれればいいと思っています」と語った。

この授業で、教師が子どもに発見させようとした「いい音」とは、楽器固有の音（音色）だったのだ。学習のテーマである「いい音さがそう」は、たくさんの楽器の中から、自分の好きな音のする楽器を選ぼうということではないと思うのだが、どうだろうか。

「いい音」を探す意義はこれだ！

「いい音」を探すためには、いろいろな音が選択肢として上がっていなければならない。たくさんの選択肢の中から、この音が「いい音」だと選ぶ（決める）活動は、その子が日頃意識しなかったような「いい音」を再認識する活動（学習）なのである。これがいいかな、あれの方がいいかなと迷いながら決めた「いい音」が、その子の「いい音」の価値観の表れなのである。ここに、「いい音」を探す活動の意義がある。

この点について先ほどの教師は、いいと言えばいいかもしれないが、問題なのは「いい音」を固定化して捉えていることである。

つまり、木琴なら、木琴はこのような音だと自分の中に固定化した音があり、木琴の音というものは、楽器を様々に操作してつくり出すものだとは捉えていないからである。音色を事前に設定したキーボードを、木琴などと同じ選択肢の一つとして準備していたことからも推測できる。

個性を生かす

この授業で重要なのは、木琴を操作して「いい音」をつくり出すことではないだろうか。

例えばゴム製のマレット（ばち）や細い毛糸を巻いたもの、太い毛糸巻きのもの、木製のもの等、様々なマレットを使って強く叩いたり、弱く叩いたり、音盤をこすってみたり、と思いつく限りの操作をして、これが「いい音」だと探し出すような活動が重要なのである。しかも発見した「いい音」というのは、ペインターとアストンは「子ども自身の生活の中で経験のある事象の何かのイメージを表そうとしたもの」だという[注]。

このような場面でこそ、子どもの個性が生かされていると言えるのではないだろうか。また、発見した「いい音」をみんなに紹介することによって、他の子は自分が発見した「いい音」と比べることになる。

自分が発見した「いい音」と、友達が発見した「いい音」。

このときに、自分の音、友達の音、が意識されるのである。

「いい音」を探す活動によって、子ども自身の「いい音」を改めて認識し、自分と他人の「いい音」の価値観の違いに気づくことにつながっ

【注】ペインターとアストン（1982）、山本文茂・坪能由紀子他訳『音楽の語るもの』音楽之友社

ていく。
　このような子どもの活動のプロセスこそが授業にとって重要なのであり、「個性を大切にする」ということの中身なのである。

> **考えてみよう・やってみよう**
> 歌のときの「いい声」とはどんな声なのだろう。

Memo

5 討議会のない研究授業？ サイテー！
〜アリバイ的な研究（？）授業、それでいいのか〜

研究授業は教師の心臓だ

地区単位の音楽教育研究会の研究授業で、「子ども一人一人の個性を大切にする」とか、「子どもの個性を生かした授業の追求」といった文言がテーマになることが多い。

「個性を生かす」「個性を大切にする」という言葉は、学校現場では大流行し続けている。研究授業の学習指導案や授業実践報告にはこれらの言葉が必ず使われているといってもいい。それだけ子どもの個性は尊重されなければならないものなのである。

教師にとって重要なのは、「個性を生かす」という理念と、実際の音楽の授業とがどのようにつながっているのかである。

学習指導案に「個性を生かす」と書くのであれば、その授業の具体的な場面で、どのようなことが子どもの個性を生かしていることになるのかを、授業者なりに考えていることが授業の大前提である。しかし、その考えは、教師の独りよがりかもしれない。だからこそ、第三者の目が必要だ。

他の教師に授業を観てもらい、自分の考えがどうなのかを子どもの現実の姿を中心に据えて討論し、「個性を生かす」とは本時の授業のどの場面の、どのような子どもの動きと関わることなのかを追究する場が、研究授業とセットになった討議会なのである。研究授業とは、「授業＋討議会」のことであり、討議会のない研究授業なんて有り得ない。研究会であれば、絶対にあってはならないことだ。

数年以上前から、日本のあちこちで討議会のない研究授業なるものが流行り出して全国に波及しつつある。本当にそれでいいのか。

授業だけ観て帰る教師

学校現場における音楽科の研究授業はどうなのだろうか。

市町村の音楽教育研究会（音楽科の授業について現場の教師が定期的に一同に集まる公務としての研究組織）は、自分の実践を踏まえて実践を交流したり、授業についての研修を行うなどを通して、明日からの音

第1章 子どもから学ぶ　23

楽科の授業をより良く改善していこうという趣旨で開かれている。会長には校長がなることが多く、研究会が開催されるときは教師は公費出張で参加している。これは周知の事実であるが、問題は討議会への参加状況に存在している。

研究授業の参観者は非常に多いが、その授業直後に行われる討議会に残る教師は、参観者の2～3割程度という現実である。

研究授業で最も重要なのは討議会である。討議会に参加せずして、参観した授業の何を追究するのだろうか。追究する気がないのかもしれない。授業の進め方や指導の仕方等々のノウハウだけを観に来た（盗みに来た）と思われても仕方がない行動だ。

研究授業（授業＋討議会）の意義

直接子どもと関わる現場の教師こそが、理念と授業との接点を見いだそうとして実践を重ね、積極的に授業を通した討議を重ねていかねばならないはずである。

研究授業では、授業者のねらいと実際の子どもの活動が有機的に結びついていたのか、授業者の教材研究は十分だったのか、子どもは音楽を楽しんでいたのか、子どもはあの場面で何故あのような行動をとったのか、授業者と参観者との子どもの捉え方の違いや、今後の授業のあり方等々、様々な問題点が論議の対象となり、授業者の意図や子どもへの対応の真意も明らかになろう。また、複数の教師が授業を参観した上で討議に参加するからこそ、発言も含めた子どもの活動という事実の捉え方やその分析・考察の違いが互いに認識でき、子どもをより深く理解することにつながるのである。

考えてみよう・やってみよう

他教科の研究授業の参観に行ってみよう。上に書いた内容は、どの教科にも共通する内容である。「授業をどう観るか」。それが最も重要で、どの教科にも共通するテーマである。学校教育は授業を疎かにしては何事も始まらないのだから。

6 こんな音楽の授業でいいのか？
～子どものための授業を求めて～

これまでの音楽の授業

　これまでの音楽科の授業内容は演奏に重点が置かれ、演奏が授業時間の大半を占めていたといっても過言ではないだろう。

　例えば、器楽合奏では子どもは楽器メーカーがつくった楽器を使って、作曲家がつくった作品を授業で再現（練習）する。いわば、既製の楽器で既製の曲を演奏してきたのである。

　技術的に無理のない、子どもの好む作品を教材として授業が行われる場合でも、既製の曲を演奏することを第一義として行われるのである。つまり、子どもが表現活動として積極的に取り組むことができる場面は、既製の楽器で既製の曲を演奏する場面に限定され、その練習の授業に大半が費やされてきたのではないだろうか。

　自分の思いを表現するためにはそれに伴う「演奏の技術」が不可欠であるという音楽教育観が根底にあり、またそのような教育観が学校現場ではほとんど論議されることなく容認されてきた。

　例えば小学校の現場では、教師自身もピアノが弾けない・自信がないからとか、五線の楽譜が読めないから、声が悪いから等を理由にして、自分から音楽の授業を避けて通ろうとしてきたのではないだろうか。

教師のホンネ

　音楽担当（音楽専科）を担うのは、担任をするための辛抱の期間として校内運用が行われているという、保護者が聞いたら学校不信、教師不信になるような周知の事実も歴然とある。一時の腰掛けとして位置づけられる音楽担当の教師の中には、「音楽の授業はやることが少ししかない。歌は一応うたっているけれど。」「最近教科書が難しくなって、どう教えていいのかわからない。」等々公言してはばからない人もいる。

　間違わずに演奏できるかが評価の基準、音楽の教師でなくとも判断できるような実技テストと、憶えているかどうかだけで評価する筆記テストが「音楽科の成績」としている中学教師も少なくない。

第1章 子どもから学ぶ　25

現状から

　音楽科の研究授業や授業参観では、演奏技能の指導に力点が置かれた授業がほとんどという実情とともに考え合わせると、音楽の授業は、子どもの「演奏の間違いを直す」指導が第一義となってしまっている。

　演奏の間違いといっても、その土台としている音楽はほとんど西洋の芸術音楽である。

　子どもにとっての未知の音楽や日頃接することのない音楽（日本の伝統音楽や諸民族の音楽）、日常・テレビ・ラジオ・ネットでよく聴くポピュラー音楽等々に興味を持っていても、音楽の授業では教師に評価されないことがわかっているから、子どもは黙っている。

　子どもは様々な価値観を持っていていいはずで、授業で学ぶべきことは一つの価値観の受容ではなくて、多様な価値を子どもどうしが互いに認め合い、それらをどう深めていくか。それが授業であるはずだ。

　教師個人の音楽分野の好き嫌いで、子ども一人ひとりの音楽性の良し悪しを評価されてはたまったものではない。そのような教師を子どもは絶対に受け入れない。

プロセスを重視する授業へ

　前述したこれまでの音楽授業に対する反省から、様々な実践が行われてきた。その代表的な実践の一つが、子どもを一人の音楽家として位置づけ、子どもの自発的な活動を主体とした、従来の音楽様式にとらわれない創造的な「表現の場としての授業」を構築していこうとする試みである。

　1970年代に日本に紹介された「創造的音楽学習」をきっかけにして、「創造としての表現」を、学習指導要領では「音楽づくり（小学校）」、または「創作（中学校）」とよんでいる。

　その授業で最も重要なのは、結果ではなく、子どもがどのように関わり、どう考えどう活動していったのかという「プロセス」なのである。

　活動の中で子どもどうしが教えあい、アイデアを出し合い、補い合い、支え合って困難を乗り越えていく力を、音楽の授業を通してどう育てようとするのか。

　具体的な子どもの行動を通して、われわれは問い続けなければならないのである。子どもに活動をやらせておいて、教師は別の作業をして、最後に子どもから活動の結果を聞くというような悠長なものでは決してない。

　子どもの行動を見続ける根気と丁寧さが授業に求められるのである。

授業は、教師が子どもに教えるという図式だけでなく、子どもどうしの教育力を認め、それをどう高めるかという授業のあり方についてもっと論議し、教師自身が研究しなければならないときが、まさに今なのである。

> 考えてみよう・やってみよう
> 1）自分が受けた音楽の授業はどうだったか、思い出してみよう
> 2）「プロセスを重視する」合唱の授業の展開を考えてみよう。

Memo

7 "拍子"ってなんぞや!?
～肝心なこと、つかめ～

聞こえてくる音をどう捉えるか

　JR京都駅の0番線ホームではときどき何十両も連結した貨物列車も通過する。列車が通過するときに聞こえる「ガタンゴトン」という音。山の近くでは「ポッポ・ポー」と山鳥の声が聞こえる。大型スーパーの中を買い物カートを押し歩くと「カタッカターカッタ」と車輪が吠える。

　これらの音は、なんらかのリズム・パターンがあるように聞こえる。これらの身のまわりの音を捉えやすくするために、次のような "共通のものさし" を考えてみる。

「拍」を単位としてまとめると「拍子」に

　ある一定時間の間に、時計がカチカチと何回か刻むのを、一単位（一つのまとまり）とする。これが「拍」だ。拍のことを pulse（パルス：時計のカチカチのこと）、または beat（ビート：心臓の鼓動のこと）という。

　列車の「ガタンゴトン・ガタンゴトン」のリズムを「拍」という単位で捉えて、その「拍」をまとめたものが「拍子」となる。

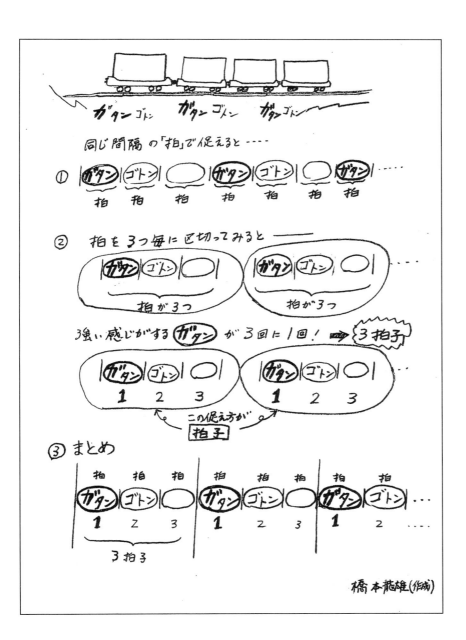

> **考えてみよう・やってみよう**
>
> 　違いのわかる大指揮者、岩城宏之は「3拍子というのは、3回に1回気持ちいいこと」とウマイこと言った！　君は3回に1回強い拍をどう感じるか？

8 「リズム」に注目！
〜 「世界のリズム」を体感せよ！〜

リズムとは

　「リズムという語は、拍や拍節、拍子のこと、音の長短と休符の組み合わせによるパターンのことなどを幅広くさす。周期性をもっている場合が多く、アクセントや速度とも密接に関係している。」（高校音楽教科書『Music View』教育出版より）

　ここで扱うリズムというのは、世界中の人々の生活の中から生まれた音楽の中に、渾然一体となって溶け込んでいるものである。特にポピュラー音楽[注]の世界では必要不可欠な要素だ。

　音楽教育では小学校1年〜4年生ぐらいまではリズムに注目した学習が多数行われている。ところがそれ以降になると学習内容の増加に伴って、リズムは音楽活動の土台としての位置づけが強くなり、特に歌唱や鑑賞の授業ではリズムに注目することがほとんどないのが実情である。

　一方、日常うたう歌は今やポピュラー音楽がほとんどだ。子どもらは音楽を理屈ではなく、直感的に感じている。エレキ・ギターやドラム・セットに関心を持ち、体全体でビートを刻むことができる子どもらだからこそ、授業でもっとリズムに注目すれば、これまでには起こり得なかった風船が膨らむような活気が教室中に満ち溢れてくるのがわかるだろう。

【注】ポピュラー音楽とはどんな音楽か、と改めて聞かれると身近にありすぎてかえって説明しにくいかもしれない。参考文献：『音楽教育実践学事典』（日本学校音楽教育実践学会編）。本書にも「24 知ってるつもり…ポピュラー音楽」（p.84）で詳しく書いた。

「リズム」は広くて深い

　音楽教育では様々なところで「リズム」が登場する。

　すぐ思いつくのは歌や器楽の演奏で登場する。リズムが違っているとか、リズム感がいいとか、リズムの入りが遅いとか、リズムを丁寧にとか、云々…。題材名では、リズムとなかよし（小1）、はくのながれとリズム（小2）、日本のリズム・世界のリズム（小4）等。創作活動では、楽しいリズム曲をつくろう（中1）、言葉のリズムで楽しもう（中1）等。学習指導要領の「共通事項」では、音楽を形づくっている要素に「音色・リズム・速度…」とある。「音楽に関する用語や記号の理解」における中学校の「拍子」や「間」にはリズム用語やリズムの意味が含

まれている。

　例えば「拍子」にはリズム用語として、

①拍節の単位…早拍子・只拍子・八 拍 子・地拍子

②太鼓の打数のこと…拍子八・拍子十・四 拍 子・八 拍 子・足拍子

③1小節を意味する…三味線音楽や箏曲では拍子一つが表 間と裏 間か
　らなる1小節をいう

「間」には、①リズムの意味、②拍節の意味、③テンポの意味があ
る。リズムの意味では、「間がいい」はリズム感覚がいい、タイミング
がいいという意味になり、「間が悪い」はその反対の意味となる。

「リズム」の3文字は、広い意味と深い概念の両方を持っている。

林英哲、坂本龍一の授業でも「リズム」

　NHK の「課外授業、ようこそ先輩」の林英哲の授業は、和太鼓のリ
ズムをどのように捉えるかが柱となる授業だった。日本語の「言葉のリ
ズム」に注目して、言葉からリズムをつくり、強弱、抑揚、構成を考え
る、おはやしづくりの授業だった。

　坂本龍一は、NHK「音楽の学校～ドラムとベース編～」で、小学校5・
6年生に「リズムって何?」と投げかけることから授業が始まった。音
と音楽の根底を探りながら、インターロッキング (p.40参照) を利用し
て子どもらで音楽をつくり、完成後に Y.M.O. のメンバーとセッション
を行うまでの授業過程が放映された。

さあ、世界のリズムを体感しよう!

　リズムに注目すると、世界中のあらゆる音楽が視野に入ってくる。こ
れが一番のメリットだ。そして世界のリズムの共通点は「くり返し」だ。

　一定のリズム・パターンを何度もくり返して演奏される。同じジャン
ルなら曲が変わっても伴奏のリズム・パターンは同じだ。

　例えばサンバ (Samba)。名曲《トリステーザ》も《ブラジルの水彩
画》(吹奏楽では《ブラジル》と呼ぶ) も《マツケンサンバⅡ》も、伴
奏のリズムは同じ。

　このノリで世界のリズムを体感しよう!　授業で使える大ネタだ。

　次頁の「世界のリズム」の楽譜は、以下のように構成されている。

①上段だけで演奏できる「一人バージョン」(右手と左手を使っても
　OK)

②上段＋下段は「ふたりバージョン」(二人で演奏するとよりハッピ
　ー!)

第1章 子どもから学ぶ　31

楽譜　世界のリズム　　編曲・構成／橋本龍雄

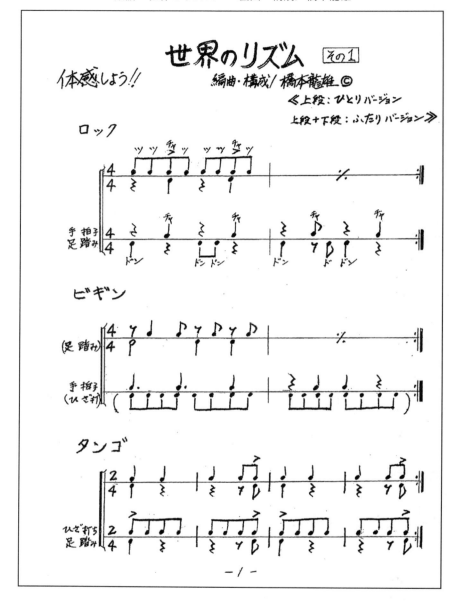

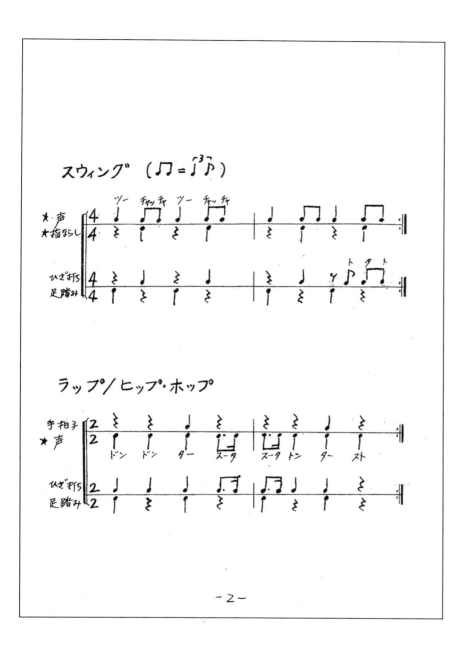

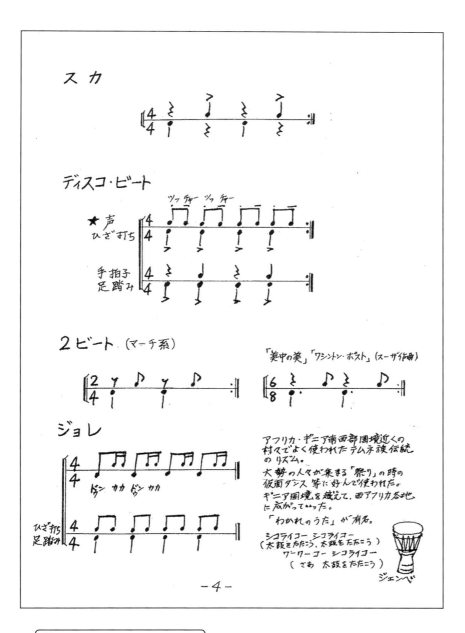

考えてみよう・やってみよう

(1) 楽譜「世界のリズム」から、「ロック」にチャレンジしよう。
　①一人で机を叩きながら上段を演奏。次に下段を演奏（手で机を叩き、足で床を踏む）。
　②二人で、上段と下段に分かれて演奏する。机を叩く音を変えて行うとノリ（グルーブ感）が一層よくなる。
(2) 「ビギン」にチャレンジして、演奏をみんなに披露しよう。
(3) 楽譜にある「リズム」に順にチャレンジしよう。

9 "ケチャ" との出会いは一生もの！
～世界中から注目される理由～

諸民族の音楽。ますます重要に！

　「世界の諸民族の音楽」の教科書での扱いは、世界には様々な音楽があるという枠組みで諸民族の音楽を紹介する場所として、従来は位置づけられていた。今は違う。諸民族の音楽的な要素が様々な音楽活動の課題として教科書に掲載されるようになったのである。

　例えば、小学校4年生では、ブラジルのサンバの音楽や韓国のサムルノリ、東京都の葛西囃子に焦点を当てて、「いろいろな国の音楽のリズムや楽器の音色を楽しもう」[注1]という学習内容と活動内容を設定している。小学校2年生では、フィリピンの竹を使った踊りの音楽「ティニックリング」[注2]を、「体を動かしながら音楽をきこう」とあり、5年生ではケチャやアフリカの木琴の演奏を参考に、「インターロッキングの音楽をつくろう」[注3]と音楽づくりの参考曲に扱われている。

　諸民族の音楽とは、地球上のあらゆる人間が関わっている音楽。つまり世界中の音楽すべてを言うと私は捉えている。

　子どもや生徒には、世界中にはこれまで自分が経験したことのない音楽を演奏する様々な人がたくさんいることを知り、日本の伝統音楽も含めた世界中の音楽に目を向けてほしいと私は思っている。

ケチャ、出会いの衝撃200％

　ケチャの体験を通して、これまで経験したことのないような音楽表現に驚き、その多様な価値をその子なりに見つけていくことから始めたいと思う。「出会い」が大切だ。知らなかった世界を知ったときの衝撃は、いつまでも心に残るだけでなく、その後の考え方や人生にまで大きな影響を与えると言っても過言ではない。

　私の諸民族の音楽との出会いは1977年に起きた。楽器店社長の隅谷さんから頂いた小泉文夫構成・監修の6枚組LPレコード（プリンスレコード発行、非売品）を聞いたことがきっかけだった。その中の3分05秒の演奏に、私は天地がひっくり返るような衝撃を受けた。それが、インドネシア・バリ島の芸能音楽「ケチャ」だったのである。以来、民族音楽

【注1】平成27年度版　小学校音楽教科書4年、p.40～43、教育出版。「日本のリズム・世界のリズム」のタイトルで、日本や世界の音楽のいろいろなリズムに親しむことを学習の課題として設定されている。
【注2】平成27年度版　小学校音楽教科書2年、p.47、教育出版
【注3】平成27年度版　小学校音楽教科書5年、p.50～51、教育出版

に関するレコードやラジオ、公演、文献等を夢中になって探し、体験していった。そんなときにケチャの演奏方法を知り、私が初めて出会ったときのあの衝撃を子どもらにも伝え、体験させてやりたいと思った。以来40年間継続して「ケチャ」を実践してきた。

人と出会い、モノと出会い、音楽と出会う幸運。もしあのとき、隅谷社長と出会わなかったらケチャのすごさを知らなかっただろう。

授業というのは子どもに知識を伝える場であるとともに、様々な「出会い」を生む場でもあり、またそうでなければならないと思っている。

ケチャが巻き起こす「笑い」の真実

ケチャをやると子どもからドッと笑いが起きる。授業に笑いがある。教室が和やかな空気で満たされたと思うと、スーッと空気が緊張して、ケチャの演奏がスタンバイされる。

教室内の空気の緩急がとても心地よい。誰かが間違えると大きな笑いが起きる。間違えたことで生じる意外性のある笑い。演奏そのものに対して起こる、思わず笑ってしまう無意識の笑い。嘲りの笑いでは決してない楽しい笑い。笑っている自分がまた楽しいのである。

間違えた子ども自身も楽しく笑える「笑い」が起きる授業。そのような授業というものがあることすら想像したこともなかった。

これまで小学校で22年間、大学で17年間、毎年子どもらと学生らとケチャを楽しんできたが、毎回子どもの、学生の新しい発見があった。

子どもの持っている未知の力に驚かされ、感心させられた。一人一人の子どもが生み出す演奏の場の密度というか、パワーというか。そのようなものが毎回毎回違うからである。

「子どもが音楽を楽しんでいる」と掛け値なしに実感できるのである。

ケチャは、本来の「音楽する楽しさ」みたいなものを、その子の音楽経験の多少にかかわらず、どの子からも引き出してくれるように思えてならない。ケチャを経験してこそ実感できる「笑い」の真実は、人の中にある「楽しむ」スイッチなのかもしれない。

ケチャの音楽とは、どのようなものなのか。

ケチャの何が楽しいのだろうか。次ページ以降で詳しく触れてみよう。

考えてみよう・やってみよう

「ケチャ」は日本ではマイナーだが、世界では最も注目されてきた超有名な音楽である。日本で知らない人が多いのはなぜなのだろうか。

10 やっぱり "ケチャ"
～ケチャがあぶり出した音楽教育の価値観～

教科書デビュー

1996年（平成8年）。当時小学校音楽6年の教科書に、見開き2頁のカラー写真と世界地図入りで、「諸民族の音楽」が取り入れられた。当時、教材は1頁単位での掲載が普通で、しかも白黒印刷が中心の教科書だった時代にこの頁は圧巻だった。しかも「みんなで『ケチャ』を演奏してみよう」とケチャ[注1]の音楽体験を推奨していたのだった。

それまで、諸民族の音楽は狭い意味でのエスニック音楽として、西洋の芸術音楽と一線を画して語られることが多く、学校教育の場では鑑賞資料の一つという程度の扱いであって、音楽教育の重要な教材としては"相手にされなかった"のである。

平成8年度版の小学校教科書発行の4社（教育出版、教育芸術社、東京書籍、音楽之友社）は、一斉に写真と地図入りでケチャを掲載した。

諸民族の音楽の課題山盛り

音楽教育として諸民族の音楽をどう位置づけるのか。どのような音楽を教材化するのか。その音楽をどのように体験し、音楽の何を本質的なものとしてつかむのか。その授業計画はどうする。多様な場面における子どもへの指導の手だては等々。授業の前の教材研究として考えなければならない課題は山盛りであった。

それから20余年。諸民族の音楽の授業の数々の課題は、どう解決・発展しているのだろうか。

40年前の音楽教育

今から約40年も前の1977年、ケチャは民族音楽に興味を持つ人以外、学校教育ではほとんど知られていなかった[注2]。

当時の学校現場での音楽の授業で最も力を入れていたのは、西洋の芸術音楽を土台にした音響とその価値観の実践であった。例えば歌唱では、当時「頭声発声」と呼ばれた発声法によって生み出された声が「美しい声」であり、且つ「正しい発声」であった。その声で歌われる合唱

【注1】 1970年頃、小泉文夫（当時、東京芸術大学助教授）が日本に初めてケチャを紹介した。1974年には、芸能山城組の山城祥二（本名：大橋力）が、バリ島の人以外によるケチャの完全上演を初めて行った。以来、芸能山城組による東京新宿でのケチャ祭りをはじめ、レコードやラジオ、テレビCM（ドリンク剤）、旅行社のバリ島ツアー等によってケチャが紹介されるようになった。「ケチャ」という呼称は、1970年当時、現地で一般的に使用されていた「KECAK」を起源とし、小泉文夫の命名による日本における呼称。日本では現在も「ケチャ」で流通しており、バリでは「CAK（チャ）」が正式呼称。

【注2】1996年（平成8年）の教育出版発行の教科書では、発行4社中唯一、「みんなで『ケチャ』を演奏してみよう」の演奏体験を推奨する記述とともに、楽譜（橋本龍雄採譜作成）が掲載された最初である。

の響きこそが、学校教育でめざすべき歌唱の実践なのであった。

「ケチャは音楽でない」と……

1977年、新卒の小学校教員だった私は、2学期にケチャの授業実践を始めた。

ある日、学校長とともに私は教育委員会に呼び出された。教育長室で指導主事は私に「ケチャは音楽でない」と断言し、私は「フツウの音楽をやりなさい」と強い指導を受けた。

指導主事よりケチャの実践中止勧告を受けて帰校した私は、ケチャができなくなったことを子どもらに告げると、子どもらから大きなブーイングを受けた。なぜケチャができないのか!? 翌日来校したPTA会長が、「普段学校の話すらしない子が、音楽の授業のことをよく話をする。ケチャがおもしろいという。そのケチャができなくなった」と親に話した子が相当数おり、親から何件も電話がかかってきたという。その後、ケチャの実践は毎年継続して取り組むことができた。

子どもの気持ちが保護者を動かし、PTA会長や学校長までも動かした。

子どものお陰で、私は現在までずっとケチャを実践することができている。

ケチャの教材としての評価は「論外」。ケチャは学校教育では音楽ではなかった。するとケチャは何なのだ? 思わずツッコミたくなるが、当時の学校音楽は今では考えられないほど西洋の芸術音楽一辺倒の価値観で行われていたのである。

「否定」から「肯定」へ

現在、小・中・高の教科書に教材として掲載されているケチャは、ほんの40年前の学校教育では、教材としては論外。音楽としての認知すらなかったのである。学校教育での評価が「否定」から「肯定」へ、いわば教育的価値観がNOからYESに変わった教材というのもめずらしい。

考えてみよう・やってみよう

日本の音楽教科書において、音楽教育史上、ケチャのように初めて掲載されたジャンル（教材）にはどのようなものがあるだろうか。またそのジャンル（教材）は、それまでは学校の音楽教育ではどのように扱われていたのだろうか。

11 ダマされたと思って、やってみて
～「ケチャ」…百聞は一見に如かず～

ケチャの何がおもしろいのか

（1）声そのもの

　チャッ・チャッ・チャッ・チャッと、まるでサルの集団が叫んでいるような声そのものがおもしろい。音楽では聞いたことがない声だ。誰にでも出せそうな声。叫べばよいのである。いや、叫ばねばならないのだ。

　いきなり「声」の価値観の転換を求められる。叫びさえすればよいのだ。

（2）くり返し

　一つのパターンを何度もくり返す。くり返しそのものがおもしろいのである。間違いを心配することもない。安心して叫べばよい。同じパターンを何度も何度も。決して考えない。口が勝手に動く。くり返すうちにリズムが肌と一体になる。

（3）音響（インターロッキング）

　ケチャの音楽の仕組みは、「インターロッキング[注]」だ。

　人は、ケチャの音楽の仕組みがつくり出す音響のおもしろさを直感し、練習するにつれて虜になっていく。例外なくハマるのである。

（4）みんなでする

　「みんな」でするおもしろさである。自分一人では決してできない。たくさんの人が集まってこそ実現するおもしろさなのである。

　「みんなでするからこそ」の世界がケチャにはある。

【注】 インターロッキング：「噛み合わせる」という意味。音楽では「入れ子のリズム」とも呼ばれ、あるリズムの打音の合間に別のリズムの打音が入り込んで、全体として不思議な、複雑なリズムに聞こえる。ラテン音楽のリズム（ビギンやサンバ等）の音楽の仕組みもインターロッキングである。

Let's try!　百聞は一見に如かず

　体験が何よりの理解であることを、ケチャは如実に示してくれる。

　体験してみよう！

　子どもに教えるのではなく、子どもといっしょに楽しむことが必要だ。

　ケチャの実践のノウハウは、雑誌等で数多く紹介されているが、まだまだ敷居が高い。だから、まず「ケチャ」をする前に、ケチャの音楽の仕組み「インターロッキング」を楽しもう（次ページ以降参照）。

楽譜1　レッツゴー・リズム

※楽譜1〜3は拙著『ケチャ・パーティー』（教育出版）より引用

ケチャのまえにケチャを楽しむ

　私は楽譜1のリズムを「レッツゴー・リズム」と呼んだ（教科書に掲載されて定着してきた）。

　①このリズムを二つのグループに別れて、交互に、あるいは同時に何度もくり返して演奏する。

　②1のパートが先に演奏を始め、くり返すときに2のパートが一拍遅れて入る。そしてそのまま何度もくり返す。

　③4〜5グループに分かれて、各々のグループが順に一拍遅れて入る。そのまま何度もくり返す。

　④全体の音響は、八分音符が連続しているように聞こえる。

　自分が打つリズムと聞こえてくる音響とのズレや違いに戸惑う。「わけがわからなくなるような」、「頭の中がぐちゃぐちゃになるような」感覚に陥る。

　ぐちゃぐちゃ感がおもしろい。初体験の感覚。

　間違っても気にしない！　がんばらない！　何度もチャレンジ！

　そのうちに、ぐちゃぐちゃ感が整理されてくる。立ち込めた霧が晴れてくるように。「心地よさ」さえ感じるようになる。

　不思議な体験を過ぎて、体が上下に動くようなことにも気づくだろう。

　ノッテきたのだ。グルーブ感が生まれている！

　ハマるって、こんな感覚？

　この体感は忘れられない。

　次に楽譜2「レッツゴー　パーティー」をやってみよう。すぐにハマる。

いよいよ「ケチャ」へ！

　楽譜3はインドネシア・バリ島・プリアタン村の「ケチャ」の声リズムアンサンブルを採譜してわかりやすいように楽譜化したものである。四つのパートが互いに入れ子状態になって、全体の音響は交互に強弱がある16ビートの声のアンサンブルとなる。

　これは「インターロッキング」の極致といっても過言でない、完成された音響が生まれる音楽だ。一度体験すると生涯忘れられない！　人間

第1章 子どもから学ぶ　41

の音楽の根源にあるものを思い起こさせてくれる。本書「12 《未体験ゾーン》へのご招待」（p.44）も参照。

楽譜2　レッツゴー パーティー　作・構成／橋本龍雄

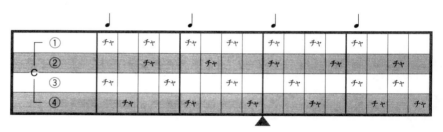

楽譜3　プリアタン村の「ケチャ」　採譜編曲／橋本龍雄

どんなときも子どもの方を

　ケチャとの出会いは、とても大きな出来事だった。小学校新任当時、私を助けてくれたあの子どもたちは、今や50歳。当時のどんなことを憶えているだろうか。

　私が行った実践は、ケチャという「音楽そのもの」の体験だった。

　世界の音楽は、宗教や舞踏、遊び、商業活動など、音楽そのもの以外の要素と関わり、深く結びついている音楽が圧倒的大多数を占めている。

　ケチャも例外ではない。その音楽が存在するための様々な要素を含んだ「文化としての音楽（コンテクスト）の理解」が、「音楽そのもの（テクスト）の理解」と同時に必要なのだと今も強く思う。

　「音楽で教えるものは何か」。「学校で音楽の何を教えるのか」。

　数々の教材を通して教えるべきものは何なのか。

　各人が追求しなければならない最大の課題である。ケチャを教えるのではなく、ケチャで教える音楽の授業の追求なのである。

そのためには、いつも子どもを見続けなければいけない。どんなときも、子どもの方を見続けたい。
　「授業は子どものためにあり、子どもから学ぶ以外に道はなし」。

考えてみよう・やってみよう

(1)「ケチャのまえにケチャを楽しむ」(p.41参照)をやってみよう。
(2) 楽譜2の「レッツゴー パーティー」をやってみよう。
(3) 楽譜3の「プリアタン村の『ケチャ』」をやってみよう。

Memo

12 《未体験ゾーン》へご招待！
～「ケチャ」…音楽の不思議体験の方法～

　これまで経験したことのない「音楽の不思議体験」に招待します。

　小学生から中学・高校・大人まで、あらゆる年齢層の人たちが体験して，リクエスト殺到のパーティーです。体の内で起こる様々な非日常の出来事すべてを、ゆったりと楽しんで下さい。

「ケチャ」はここにハマる！

(1) 「チャ・チャ・チャ」にハマる。大勢の猿が叫ぶ「声」。まるでモンキーサウンド。叫べばよい。気兼ねなしに思いっきり叫ぼう。

(2) 「くり返し」にハマる。単純、簡単、安心。

(3) 「みんなでする」からハマる！　一人では決してできない音楽だ。人が集まって初めてワカル、響きのものすごさ、高揚感、そして安心感。掛け値なしにおもしろいのだ。

(4) 「インターロッキング」にハマる。だからノレる（グルーブ感！）。音楽の仕組みでつくり出す音響のオモシロさ。これにはハマります！

演奏開始！《「C パート」演奏のコツ》

		1	2	3	4	5	6	7	8	9	10	11	12	13	14	15	16
C	①	チャ	チャ		チャ	チャ		チャ		チャ		チャ					
	②		チャ			チャ			チャ			チャ			チャ		チャ
	③	チャ			チャ			チャ			チャ			チャ		チャ	
	④		チャ			チャ			チャ			チャ		チャ		チャ	チャ

楽譜「C パート」（プリアタン村の「ケチャ」　採譜編曲／橋本龍雄）

　1マスは（16分音符）に相当。4マスで ♩（四分音符）。

　16マス（16ビート）で4拍。それのくり返し。①～④は各パートの番号。

　①……三三七拍子の<u>七のリズム</u>を「チャ」で発声、即 OK！

②……空白のマスに「ク」を入れて、「<u>ク</u>クチャ<u>ク</u>、<u>ク</u>チャ<u>クク</u>、…」と発声。最後のマスでサッとブレス。慣れてきたら「ク」を小さく、「チャ」を大きく発声する。

③……覚えやすいリズムです。「速い3拍子が4回」+「2拍子が2回」、と考えてもいい。

④……出だし1マスと最後の空白2マスに「ン」を入れて発声。「<u>ン</u>チャ、　チャ・・・<u>ン</u>チャ<u>ン</u>チャ」となる。

全体合唱のコツ（指導のポイント）

(1)《座り方・並び方》……あぐらを組み、へそを前へ出し気味に、中央に向かって座る。並び方は、《Cパート》の①〜④の4人一組、たて・横・前後に並ぶ（図1参照）。

図1　放射状の円

(2)《発声》……「心から叫ぶ」そのものです。その場の空気に感じるままに、「考えないで叫ぶ」。各パートの声が重なり始めたことが自分なりにわかりだすと、自分の体の内から湧き上がってくる何かを感じずにはおれない。これがグルーブ感だ。他人の声を聞こうとすると自分が発するリズムが乱れる……。一進一退しながら音のかたまりの中に入っていくような感じだ。その過程で起こる、頭の中のぐちゃぐちゃ感。これもいっしょに楽しもう。

楽譜を覗いてみよう（楽譜「ケチャ・パーティー」の説明）

(1)《様々なコトバ》

イエッー、エス・エス・ギョー、シリリリー、チャ、ブンーブンー等々に意味はない。「場の空気を変える」ためのコトバだ。

(2)《Aパート》

①「イエッー！」…演奏開始の合図。全員に聞こえるように、大き

な声で叫ぶ。
② 「エス・エス・ギョー」、「シリリー」…発声とともに体も動かすパフォーマンス。いわゆる身体表現だ（図2）。
③ 「チー」…体が小さくなった気持ちで発声。「小さく」の合図。
④ 「チェッ」…体が大きくなった気持ちで発声。「大きく」の合図。
⑤ 「セッジョ」…「終わり」の合図。

(3) 《Bパート》
「ワゥワゥ」…いわゆる口三味線。「ラ」や「ル」で旋律を歌うのと同じように「ワゥ」で旋律を歌う。

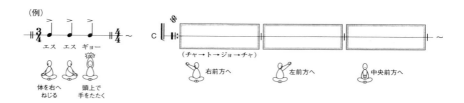

図2　身体表現

「みんな」というのは、単に人が群れている状態ではなく、個々人が自分を自覚し、他人を認めている状態の集まりだと、感覚的にワカル機会かもしれない。みんなでつくる「声」の響きに包まれて、今宵は酔いしれてください。楽しいひとときを！

> **考えてみよう・やってみよう**
> (1) p.42の楽譜2「レッツゴー パーティー」をやってみよう。
> (2) p.44の楽譜「Cパート」をやってみよう。
> (3) p.47の楽譜「ケチャ・パーティー」をやってみよう。

最初は4つのグループに分かれて,「ケチャ・パーティー」のリズムアンサンブル（Cパート）を練習します。チャということばを歯切れよく発音しましょう。

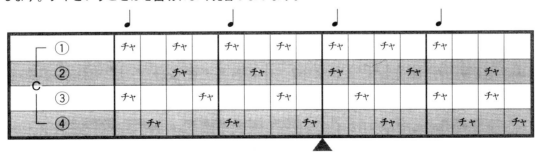

《Cの演奏の仕方》①〜④のパートに分かれて,1回めの"チャ"以後リピートするごとに"ト""ジョ""チャ"と発音を変える。

楽譜 「ケチャ・パーティー」 作・構成／橋本龍雄

13 これからは "指揮" がおもしろい！
～ノンバーバル・コミュニケーションのすすめ～

言語以外のコミュニケーション（ノンバーバル・コミュニケーション）

　学校では言語（言葉や文字）を使ってコミュニケーションを図ることに重点を置いている。しかし言語で表しきれない思いや感情は、どうしているだろうか。言葉で表しきれないで困ることもすごく多い。そんなとき、私は必ず身ぶり・手ぶりをして、"わかってほしい顔"をしている。相手の目を見ている。この思い、この考えは相手に伝えたいし、わかってほしい。思いが強いほど、体のすべてを総動員してコミュニケーションを図ろうと精一杯努力もした。でも、もっとスキルがあればなぁ……と何度思ったことか。

　ノンバーバル・コミュニケーション（言語以外の伝達）。

　学校教育では顔の表情・目の動き、声の質・大きさ・テンポ、息遣い（吐く・吸うのタイミング）などのスキルは改めて教えていない。学習の中で、「もっと大きな声で」とか「やさしい感じで」と附随的に指導しているに過ぎない。

　自然に身につくものだと考えられているからか？

　今、学校教育ではコミュニケーションがすごく大事なことは誰もがわかっている。スマホ全盛の時代。学校もICT教育に突き進めと文科省の号令が聞こえる今、考えねばならないのは「コミュニケーションの中味」そのものなのだ。

ノンバーバル・コミュニケーションに注目を

　何事も言語に頼ってきた教育があった。意思疎通のツールはまず言語だった。学校教育は言語に特化して教育を行ってきた。「読み・書き・そろばん」が150年前から学校教育の根底にあり、それらの力が低下してきたとの危機感が教育委員会にも広がって、「○○計算」「声に出して○○」等、様々な特効薬的なスキルが巷でも大ヒットした。

　これからはコミュニケーションが大事。だからこそバーバル（言語）だけでなく、ノンバーバル（言語以外、非言語）を教育にどんどん取り入れなければならないときがきている。

「指揮」をねらえ！

　歌っているときの表情は音楽表現に直結するが、これまで指導の中心は強弱を含めた発声と歌詞の理解の指導がほとんどだった。表情の指導はほとんど成り行きまかせではなかったか。

　「指揮」ではどうだろうか。小学4年の教科書から「指揮をしてみよう」が登場する。拍や速度、強弱を中心に指揮棒の振り方を中心に学習する。一方、「息」の使い方、「目の動き」、「顔の表情」の指導は行われていないといっても過言ではない。

　指揮で重要なのは、息づかい！　目の動き！　顔の表情！

　指揮者の考える音楽的な内容は、目と顔の表情に表れ、それが指揮者の息づかい（呼吸）とともに一体となって伝わる。

　指揮棒の振り方は、それらのことをより明確に演奏者に伝えるために行う右手の運動（動き）だといえるだろう。一般的には右手で曲の速さや拍子の運びを指示したり、アクセントやスタッカートをつけたり、演奏者が演奏に入るタイミング（出）を合図したりする。

　忘れてはならないことは、このような右手の運動には、必ずそのときの**指揮者の息づかい（伝え方）がセット**になっているということだ。

　指揮者は、演奏者にどんな気持ちでどんな演奏をしてほしいのかを、自分の「息」を通して演奏者に伝えることが仕事だ。

　「息」をどう伝えるかが非常に重要なのである。

　指揮の仕方について子どもに学習させたいことは、まず、目と顔の表情を使って、その子の曲に対するイメージをどう伝えるかだ。

　そこで、指揮者の世界の一端を理解するために、目と顔の表情も含めた、「息」の伝え方の体験方法を紹介しよう。

息を伝える《思いを伝える》

（1）息を吸う

　人は、たいていの場合、無意識のうちに呼吸しているが、意識して何か行動を起こそうとするその瞬間は、息を吸っている。それを確かめてみよう。

＊**体験1**…立ってみよう。手を伸ばしたぐらいでは届かないところにある物をジャンプして取ろうとしてみる。

　ジャンプしたとき、同時に息を吸っていなかっただろうか。試しに、息を吐きながらジャンプ。すごく不自然さを感じるだろう。

　人の体は、体を伸ばすときやぐっと集中するときなどは、息を吸う。

　息を吸うと体全体が緊張する。その緊張によって、次の動作へのエネ

第1章　子どもから学ぶ　　49

ルギーを充満させているのではないかと思う。

（2）息を伝える

＊**体験2**…二人で向かい合おう。あなたは前の人の目を見て、ゆっくりと鼻で大きく息を吸い、口からスッと吐く。そして前の人に、息を吐くタイミングがわかったかどうか聞いてみよう。きっと「わかった」といってくれるに違いない。

（3）思いを伝える

＊**体験3**…同じように向かい合い、息を吐く瞬間に声を出さないで、「アー」と言う。次に、前の人にあなたが無声で「アー」と言ったと感じたときに、声を出して「アー」と言ってもらう。「アー」の替わりに手を叩いてもらってもよいだろう。

　これらを行うときに大切なことは、

①前の人の目を見て行うこと。

②あなたが前の人に「こうしてほしい（アーといってほしい）」と心から思って息を伝えることが肝要である。

（4）テンポ（速さ）を伝える

　曲の出を示す合図で、「サン・シイ」とか「せぇ・のぉ」と言って曲の演奏を始めることが多くあるだろう。

　この合図には、演奏する曲のテンポと曲の出のタイミングを、出の2拍前から知らせる役目が含まれている。

　これを声を出さないで、目と息で伝えることができるのが「指揮」なのである。

　出始めの曲のテンポを、頭の中でカウントしながら、そのテンポと同じ速さで息を吸い、出のタイミングを前の人に伝える。これを体験3の方法で行えばよいわけである。

（5）フォルテ（f）とピアノ（p）を伝える

　f のときは大きく息を吸い、p のときはやさしく小さくそっと息を吸って、体験3の要領で伝える。必ず目を見て、どんな感じの声を前の人に出してほしいのか、という音のイメージを自分なりに持って（頭の中でその音を鳴らしてみるような感じで）、その音のイメージを伝えようと心から思って行うことが重要だ。

　そうすることで、顔の表情も、自然とあなたがイメージした感じになるだろう。

　このプログラムを実践すると、指揮のイメージは一転し、指揮とは「人とのコミュニケーション」だと感じられるだろう。

考えてみよう・やってみよう

（1）体験1、体験2、体験3をやってみよう。
（2）ノンバーバル・コミュニケーションの応用演習として《夏の思い出》（江間章子作詞・中田喜直作曲）を指揮してみよう。

レッツ・ゴー（p53、p.58参照）　　橋本龍雄 作曲

© 1999 by KYOSHUTSU Music Pub.

14 リコーダー指導のあり方
〜子どもをもっと見る。子どもに学べ〜

リコーダーは楽しくなければ意味はない！

　リコーダーを教えようとするから、大変なのだ。リコーダーは教えなくていい！　自分自身が楽しめるかどうか。これを一番考えないといけない。自分が楽しくもないことを子どもに伝えようとして、子どもが元気になるわけがない。「つまらんオーラ」を発している自分自身にまず気づくことから始めよう。リコーダーを吹く時間は、音楽を楽しむための時間なのだと思うことが大切だ。

間違ってもいい！　子どもに安心させよ

　子どもは間違って当たり前。試行錯誤をくり返しながら、子どもどうしが気軽に尋ね、教えあい、冗談言いながら、「安心して」リコーダーを吹いている授業の空気は、とても穏やかでずっとそこに居たい気分になる。上手くは吹けないけれど、リコーダーは大好きだという子どもがいっぱいいるクラス。そんなクラスでいっしょに吹きたい、いっしょに音楽をしたい、いっしょに給食を食べたいと思わずにはいられない。

「音をつくる楽器」リコーダー

　これまで山ほどのリコーダー指導本が出版されてきた。それらの共通は、リコーダーは「音をつくる楽器」（作音楽器）だということ。リコーダーではこれが最も重要なことだ。リコーダーを美しく、上手に吹くためには○○しなければならない、そのためには嫌なことも我慢して練習することが大事だ、上手く吹けるようになると楽しくなるのだから……と。リコーダーは根性でやるものではない。

　肝心の「音をつくる楽器」のことを忘れていないだろうか。リコーダーでどのような音を出そうとしているか。その子なりの試行錯誤の中にこそ、音楽する意味がある。間違わずに吹くことよりも、間違ってもいいから、「こんな感じの音を」「こんな感じに」吹いてみたいと思って吹くことの方が数倍値打ちがある。

子ども側に立って、子どもに学べ

リコーダーが苦手そうな子どもに教えられることがたくさんある。

楽譜を見ながら全員で演奏しているとき、楽譜を見ているようでもそうではなく、隣の子を見て指の動きを真似ながらリコーダーを吹いている。理屈では、指の動きは少しずれるのに、演奏は不思議に合っている……。そのうちに楽譜も、隣の子の指も見ないで演奏していることに驚いた。その子は指の運びは楽譜からではなく、友達から学んだのだ。

こんな不思議なこともあった。小学5年の11月まで、学校でも家でもリコーダーを吹かず、聞いているばかりだった子が、もののけ姫を授業でやり始めて間もなく、皆といっしょに吹き始め、あっという間にさらりと吹いてみせた。しかも3年生から学習したリコーダー教材もすべて吹ける。いつ練習したのかと尋ねると、一度も練習していないという。「勝手に吹けてしまう」という。

十人十色というが、子どもは皆違う。まさかと思う方法を生み出す子や大人では見過ごすところにおもしろさを見いだす子など、その子なりの方法、その子ならではの様子を数多く知っていくことが非常に重要だ。

子どもだったらどう感じるだろう？　どこでおもしろがるだろう？

子どもの側に立って、子どもの発想に学ぶことに、リコーダー指導の極意があると確信している。

授業の前に自分で試す

「左手だけで吹ける曲は、指づかい（運指）も簡単だ」と思っていないだろうか。ソプラノ・リコーダーの場合は、ソラシドレ。ちびまる子ちゃんのテーマ音楽の前奏部分の、ソラシドレドシラ、<u>ソシレシ</u>、レッレ。<u>ソシレシ</u>は実際に吹いてみるとその指づかいの難しさがワカル。

子どものつまづきは事前に予想できることが多い。試してみてこそ様々な子どものつまずきの可能性を知ることができる。あの子はこんなところでつまずくだろう。この子はこんなときに困るだろう、と一人一人の子どもの様子を具体的に知るほど、授業前にその手立てを準備できる。事前に試すと見えてくる子どもの姿。思い込みは禁物だ。

考えてみよう・やってみよう

⑴　p.51の《レッツ ゴー》を吹いて、ソシレシを確かめてみよう。

⑵　イメージをもって吹くと初めての子でも3種類吹き分け可能！
　　3-3-7拍子を①ゴリラ②アリ③ヘビになって吹いてみよう。

第1章 子どもから学ぶ　53

15 リコーダーとその歴史《これで十分！》

「リコーダー」は鳥の声

リコーダーという言葉は、13～14世紀の文献によると、小鳥が巣の中で鳴くさえずりのことをさしていた。小鳥に歌を教えたところから、楽器の名前になったと考えられている。リコーダーを使って、小鳥に鳴き方を教えるための曲（『小鳥のために』、『小鳥愛好家の楽しみ』全音楽譜出版、絶版）が数多くつくられた。ベン・ジョンソンの詩（1603年）に、「かわいい小鳥たちよ、私たちに合わせて、声高らかに歌え」とリコーダーを小鳥の歌の意味で使っている。またリコーダーは、「やさしく歌う」「ハミングする」の意味で使われた。

リコーダーの歴史

リコーダーの使われ方や楽器の構造、リコーダーの音楽も、その時代や国、地域で様々に変化しながら現在のリコーダーになった。

現存している最古のリコーダーは、14世紀後半（日本では室町時代）に使われたソプラノ・リコーダーで、オランダ郊外の城で発見された。今のリコーダーの内径は円錐状だが、それは装飾の少ない円筒状だった。

（1）ルネサンス時代（14世紀後半～16世紀にかけて）

数種類のリコーダーを組み合わせた合奏が盛んに演奏され、宗教音楽等では、天上の音楽や牧歌的な場面を象徴するものとして好んで使われた。

（2）バロック時代（16世紀末～18世紀半ば：日本では概ね江戸時代）

リコーダーは専門家だけでなく、家庭や愛好家の間でも広く流行し、現在使われている指づかい（バロック式、イギリス式ともいう）が確立した。この時代に活躍したバッハやヘンデル、パーセル、オットテールがリコーダーを使った作品を数多くつくっている。当時は、フルートといえばリコーダーのことをいうほどだったが、18世紀後半になると、人々の音楽の好みが変わってきた。

強弱がより大きく表現できて、音量の大きな横吹きのフルートに人気が集まり、やがてリコーダーは使われなくなってしまったのである。

（3）100年間忘れられたリコーダー、復活（19世紀後半）

19世紀後半頃、当時の人々には知られていなかったリコーダーを紹介した人物が現れた。イギリスのドルメッチである。彼の活動が契機となって、リコーダーという楽器の復元や普及、楽譜の発掘、演奏会等がヨーロッパで盛んに行われるようになった。バロック式指づかいをイギリス式と呼ぶのもこのような経緯による理由からである。

（4）ドイツ式指づかい登場

一方ドイツでは青年運動が活発になり、リコーダーもその運動に使われ始めた。ドイツの民族楽器の指づかいに倣って、ソプラノ・リコーダーの「ファ」も簡単な指づかいにする目的で、新しい指づかいのリコーダーが発明された。それが現在も日本で使われている「ジャーマン式（ドイツ式）」指づかいのソプラノ・リコーダーなのである。

因みに現在では、「バロック式」指づかいのリコーダーは、クライネ・ソプラニーノからソプラニーノ、ソプラノ、アルト、テノール、バス……すべてのリコーダーがそれで、「ドイツ式」はソプラノだけである。

現在、ドイツの学校教育ではすでにドイツ式は使われていない。リコーダーの指づかいは「バロック式」だけなのである。

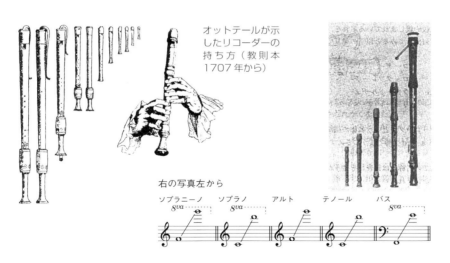

リコーダーの種類と音域

> **考えてみよう・やってみよう**
>
> 日本の小学校ではドイツ式リコーダーの使用がかなり多い。教育的にも音楽的にもドイツ式はデメリットが多いのに、なぜ使われるのだろう。

16 リコーダー：これを知れば、最高！ハッピー！
～取り扱い《ここがポイント！》～

リコーダー各部の名まえ（図1）

（1）エッジ
　音色を生み出すための心臓部。息が当たって音になるところ。
　［注意！］掃除棒やえんぴつ等の硬いものを窓から入れないように。

（2）ジョイント部
　頭部管との方は、演奏終了後に掃除するとき以外は外さない。
　足部管との方はグリスを塗るとき以外は外さない。

（3）頭部管や足部管を外すときは
　ねじるようにして外す。
　決して引っ張ったり、引き抜いたりしない。

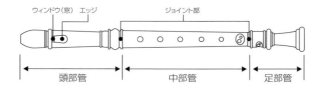

図1　リコーダーの各部の名まえ

清潔に保ち、調子よく長持ちさせるために

・掃除用の道具をつくろう（図2）
　リコーダーには専用の棒が付属している。この棒を利用して専用の掃除道具をつくろう。音楽や図工の授業時間につくるのも学習の一つ。
　ガーゼは薬局等で5mや10m入りで販売されている。

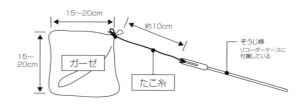

図2　掃除用の道具

- ケースにしまう前には掃除を

   習慣づけるために、「掃除をして、しまいましょう」との声かけを。

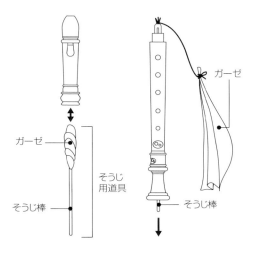

図3　掃除の仕方

- ハンカチやケースの上に置く

   転がり防止と衛生面のために。
- 学期に1回は、リコーダーの大掃除を（図4）
- ジョイント部にグリスを塗る

   頭部菅は、月に1度。足部菅は学期に1度。

①分解してうすい石けん水でそうじ用道具を使って洗う。
②水洗いして，タオルでふいて乾かす。
③ジョイント部にグリスを塗って組み立てる。

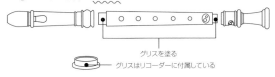

図4　大掃除の仕方

> **考えてみよう・やってみよう**
>
> まずは、自分で掃除用の道具をつくって試してみること。
> 指導のポイントは、やってみて慣れろ。やってみることに価値あり。

17 指づかいは、音と音とのつながりでみる! 《ここがポイント》
〜教育楽器だからこそ、ここまで研究されている!〜

左手指づかいに難易度がある!

　左手だけで吹ける曲はやさしいと思っていたら、とんでもない。p.51の《レッツ・ゴー》の最後の2小節を吹いてみよう。この曲はその2小節が難しいからこそ、子どもは何度もチャレンジしたくなる。「アニメちびまる子ちゃん」のテーマ音楽の前奏部を連想して、子どもの興味をわしづかみにしている箇所である。どのように難しいのだろうか。それは指を動かす順が難しいのだ。

　ソ、ラ、シ、ド、レ、それぞれの指づかいはできる。ところが、「ソシレシソ」と順に動かすのはとても難しいのだ。ソ→シ、シ→レ、レ→シ、シ→ソ、音から音へ移るとき、指も動く。このことが非常に重要だ。

　指づかいというのは、一つの音に一つの指づかいを対応させる（運指表のように）だけの指導ではだめだ。実際の音楽は、音と音がつながりながら進んでいく。固定的に音をみて、その音に指を対応させるだけでは、指づかいがわかっても子どもは吹けないのである。子どもはなぜつまづくか、その急所がわかってないのだ。指を動かす順序にそのポイントがある。次に詳しく説明しよう。

指の動きには「得手、不得手」がある

　机を指さきでトントン叩いてみよう。右利きの人は、左手の薬指と小指を交互にトントンするのはやりにくい。リコーダーの左手指の動きも同じような得手不得手があるのだ。

　「ソシレシソ」では、ソ→シ…薬指と中指を同時に穴からはなす。シ→レ…人さし指と親指を同時に穴からはなし、中指で穴を塞ぐ。レ→シ…人さし指と親指を同時に穴を塞ぎ、中指をはなす。シ→ソ…薬指と中指で同時に塞ぐ。つまり、「ソシレシソ」は、薬指、中指、人さし指、親指を互いに組み合わせて、穴を塞いだり開けたりして動かしている。

　リコーダーでソシと音を出すときは指を動かす。つまり、<u>音から音へは指を動かして</u>行うということに着目すると、子どものつまずきの原因

が見えてくるのである。

　図1は、左手指の運動機能からみたソプラノ・リコーダーの運指の難易度である。

難易順		連続音	動かす左手指（＋…同時，*tr*…交互の意）		
容易 ↕ 難易度 困難	(1)	ド―ラ	人	特に「薬指」に注目する。	中：中指 人：人さし指 親：親指 薬：薬指 の略
		シ―ラ	中		
	(2)	レ―ド	親		
	(3)	シ―ソ	中＋薬		
		レ―ラ	親＋人（つかむ）		
	(4)	ラ―ソ	薬		
	(5)	ド―シ	人 *tr* 中　〈支え／親〉		
	(6)	レ―シ	人＋親，*tr*中〈支え／中→人＋親〉		
	(7)	ド―ソ	人＋薬　　〈支え／中＋親〉		
		レ―ソ	人＋薬＋親　〈支え／中〉		

左手指の運動機能からみたソプラノリコーダーの運指難易度

図1　左手指の運動機能からみたソプラノ・リコーダーの運指の難易度

© Tatsuo Hashimoto 2001

"サミング" も指の動きがポイントだ！

　次頁の楽譜《ハロー　サミング》を見てほしい。

　この教材は、20年以上教科書に掲載されている人気曲で、ピアノ伴奏も指導書の CD もおしゃれな伴奏にしたので、ぜひ使ってほしい自慢の一曲なのだ。

　2～3小節目に「ミ→ミ」と印のあるところが一つ目。もう一つ同じパターンが3段目にある。このパターンは、親指穴にほんの少しの隙間を開けるために、親指のみを少し動かす（サミングする）だけの作業で「ミ→ミ」と鳴らす最もやさしいサミング。

　一方、最も難しいサミングは3段目最後の小節4拍目のレ→ミだ。薬指だけが穴を塞いでいて（レ）、次のミで一瞬に「親指をサミング、人さし指と中指と薬指と右手人さし指と中指」を動かすという芸当をやらねばならない。

　ここでも「音から音への指の動き」が子どものつまづきの原因となる。

┌─ **考えてみよう・やってみよう** ─
《ハロー　サミング》をゆっくり吹いて、ミ→ミ、レ→ミを確認しよう。

第1章　子どもから学ぶ　59

18 これだけでいい！ コピーして、いつも見て
～リコーダー指導の要点～

これだけでいい！

　授業の指導で必要最小限のポイントを列挙する。

　コピーして、リコーダーの授業前にいつでも見られる場所（机の上、壁、ノート、備忘録等々）に貼ったりはさんだりして、活用してほしい。

　詳しい内容は、本文を読んで思い出せばよい。

★イメージをもって吹く

　　リコーダーは音をつくり出す楽器。それにはイメージがものをいう。

★友達の音を聴こう

　　友達の音を集中して聴くことが一番勉強になる。

★自分の指は見ないで

　　指を見れば見るほど指は緊張する。指に目があるから大丈夫！

★タンギングが音の感触を表現する

　　音に様々な表情がつけられる。綿のようなふわっとした感じも。

★タンギングは「ル」「トゥ」

　　今は「ル」も。使いみちが広くて応用がきくのは「ル」。

★サミングは「ほんの少し、すき間を開ける」

　　息の強さは普通の「ソ」を吹いているときと同じ。

★高い音は弱く吹く

　　強く吹きがちだから、むしろ「弱く吹こう」でちょうどいい。

★《ハロー サミング》は1年間かけて吹くといい

　　慌てず、焦らず、少しずつ。これは先生方に言っている言葉です。

★ソプラノの出しやすい音域「ミ」～「高いラ」

　　普通に吹いてとてもよく鳴る音域。「高いラ」まで普通です。

★低い音ミ・レ・ドは「あたたかい息で、やさしく」吹く

　　音が出しにくいからこそイメージで。楽譜《あくびのうた》参照。

★吹いたら「そうじ」

　　楽器はすべて、使った後はそうじしてからしまう。

考えてみよう・やってみよう

(1) イメージをもって吹く…①ゴリラになって、三三七拍子のリズムを吹いてみよう。②蟻（アリ）になって、③蛇（ヘビ）になって。
　上記3種類の音響の違いを確かめよう。
(2) 楽譜《あくびのうた》を演奏しよう。
　演奏のポイントは「**低い音はあたたかい息で、やさしく**」吹く。

あくびのうた
日向 有 作詞　橋本龍雄 作曲

19 子どもが大ノリ。やさしくて深い学習！
～「１曲で３度おいしい」が生み出す音楽授業～

もうやめませんか

　演奏の技術が習得できるまで、子どもにひたすら辛抱させるような授業。もうやめませんか。いつになったら子どもが待ち遠しい授業になるのだろう。発想を変えるといい。必ず前が明るくなってくる！

　子どもが楽しめるようにと、テレビ等で流行っている曲を取り上げる。楽しいのは一時的、そのうち飽きて次の流行り曲を探すはめになる。本当に楽しいからじゃないのだ。子どもが心から燃えてないからだ。

　発想を変えよう！　音楽の深いところが学習できる教材を探そう！

1曲で3度おいしい教材

《にじ色の風船》（里山 萌 作曲）（楽譜1）

　この教材は、2000年（平12）の小学校3年教科書（教育出版）に登場！今も大人気のロングヒット教材だ。

　人気のヒミツは、やさしくて深い学習ができるからだ。

①**やさしい**…ソプラノ・リコーダーで吹く音は「シとラ」だけ。子どもは安心して演奏できる。

②**深い学習**…伴奏にその秘密がある。メロディーだけ吹くと2音だからどこにでもある単調な曲（《たこたこあがれ》と同じようなもの）。伴奏がつくと曲が大変身する。心にまで音楽がしっかり届くのである。子どもは「伴奏」の存在の大きさに気づかずにはおれないのだ。伴奏に合わせて演奏しようという気持ちが自然に湧いてくる。伴奏の有る無しが、こんなにも音楽そのものに影響するのかと改めて感じることができる。

　この伴奏が、3種類あるのだ。オリジナル、ビギン風[注1]、スカ風[注2]。

　3種類（楽譜2～4）とも作曲した里山萌のアイデアであり、里山本人が伴奏譜も書いた。教科書にこのような教材が掲載されたのは、この《にじ色の風船》が最初である。伴奏と合わせることの楽しさが実感できるだけでなく、3種類の伴奏が変わると、気持ちが変わり、リコーダーの音色も変わる。たった2音の音楽が、伴奏を契機に子どもの体の中

【注1】ビギン Beguine…ラテン・アメリカ音楽の一つで、カリブ海のマルティニーク島の舞曲が発祥。このビギンのリズムを使ったコール・ポーター作曲の《ビギン・ザ・ビギン（Begin the Beguine）》が大ヒットして、ビギンが世界的に有名になった。後にフリオ・イグレシアスが歌ってリバイバルヒットした。また、映画007シリーズの「ロシアより愛をこめて」の主題歌にもこのリズムが使われた。
（本書 p.32「世界のリズム」参照）

【注2】スカ Ska…ジャマイカ発祥のポピュラー音楽の一つ。4拍子の2・4拍目が強調されるリズムをもつのが特徴。音楽教育ではほとんど知られていなかった（教師が知らなかっただけ）。大ヒットしたNHK朝の連続テレビ小説「あまちゃん」のテーマ曲（大友良英作曲）の前半部がこのスカのリズム。日本のスカバンドでは、東京スカパラダイスオーケストラが有名。
（本書 p.35「世界のリズム」参照）

で鮮やかに音楽に変容することがわかる。1曲で3度おいしい教材なのだ。

考えてみよう・やってみよう
（楽譜2）（楽譜3）（楽譜4）をやってみよう。
旋律の感じの違いに注目！

楽譜1　　　　　にじ色の風船　　　　　　　里山 萌 作曲

© 1999 by KYOSHUTSU Music Pub.

楽譜2　　　　　にじ色の風船　　　　　　　里山 萌 作曲

© 1999 by KYOSHUTSU Music Pub.

第1章　子どもから学ぶ

楽譜3　　　　　　　　にじ色の風船（ビギン風）

里山 萌 作曲

© 1999 by KYOSHUTSU Music Pub.

楽譜4　　　　　　にじ色の風船（スカ風）

里山 萌 作曲

© 1999 by KYOSHUTSU Music Pub.

20 活動全体を見通す力を培う
〜「楽器づくり」でひらく待ち遠しい授業 1 〜

本質はこれだ！

子どもには思い切りさせてやりたい。音楽の授業は安心させてやりたい。失敗を恐れず、どんどん試行錯誤をやり、自分の音の世界を創造するという体験をさせてやりたいと思う。

身近なものに少し手を加えたような楽器でさえ、その楽器から様々な音を探求し、新しい音楽の世界を子ども自身が拓いていくことができる。

自分自身で素材を吟味し、工夫を凝らして、自分だけの楽器をつくることから出発する授業。その着地点は、音の発見や音の探求を通して、自分の音の世界をつくり出すことなのである。

「楽器づくり」の本質はここにある。

「音楽活動の全体を見通す」視点

楽器の演奏では、楽器メーカーがつくった楽器を使って、作曲家がつくった作品を演奏する。つまり既製の楽器で既製の曲を練習し、練習の成果を教師（学校）主催の音楽会等で発表するという構図がある。結局子どもが関わるのは「演奏」だけだった。

それを、楽器—音楽作品—演奏—（作品・演奏）発表、というこれまで分業されてきた一連の音楽活動の「すべて」に子どもが関わる授業の実践[注]が40年も前に行われていた。子どもらは燃えた。待ち遠しい授業だったという。この発想はすごい！　家を建てるプロセスを全部経験するのとそっくりだ。分業制が当たり前になっている今の社会で、全体を見通す力はどこで培えるのだろうか。

子どもが楽器をつくり、それを使って音楽作品をつくり、演奏し、音楽会を企画・運営し、そこで作品発表・演奏する。音楽活動のすべてを経験するからこそ、わかることがある。それは一本の木を見るときも、森全体を見てから木を見ると、見方も感じ方も全く違うのと似ている。

目に見える結果にどれだけ多くの人々が関わり、どれだけ多くの知識と技術を必要とする工程が含まれているのかを、子どもは授業の経験を基にして考えることができるのである。

【注】1974年、東京学芸大学附属竹早小学校において数ヵ月間かけて行われた星野圭朗（音楽科）、笠置三郎（図画工作科）、遠藤昭寿（理科）の連携授業。この星野らの実践研究が、今日まで数多く実践されている「楽器づくりから音楽づくりを経て作品発表会を行う」一連の授業実践の最初である。

星野圭朗（1985）「新しい創造の世界を求めて—21世紀に生きる子どもたちのために音で何ができるか」『教育音楽 小学版』6-9月号、音楽之友社に詳細が掲載されている。また、星野らの実践は1977年の日本教育学会大会で発表された。

「楽器づくり」は楽器をつくるための授業ではなく、「楽器づくり」からひらかれていく授業だ。それは楽器をつくることから始まる、音楽活動全体を見通すための要となる活動なのである。

楽器づくりの教育的意義

楽器づくりは、失敗して、考えて、また失敗して、また考えることを余儀なくされる。試行錯誤の中から問題を解決する力、モノの価値を見極める目、人と協力する思考、人への優しさ等が育っていくものだと思う。必ず成功する「教材キット」では、決して味わうことができない大きな経験の世界がある。まずは楽器づくりの意義を整理した。

（1）「自分の音の世界」を創造するという経験ができる

身のまわりの「音の発見」（音を聴く）～「音の創造」～「音楽づくり」へいたる学習の出発点となる。

（2）人間の「文化の有り様」を学ぶことができる

楽器とその音楽は、その時代のその民族の生活様式をはじめ、政治、経済、教育、芸術、科学等と密接に結びついているので、楽器づくりを通して、音の科学（発音原理）やその技術、楽器と人との関わりや楽器の発達の歴史、人々の生活習慣の違い等とリンクできる。

（3）「様々な音楽分野へ」と学習を発展させることができる

①人間が獲得してきた楽器の発音原理や構造、あるいは楽器の材質を基にして、既製の楽器を分類することができる。

②発音原理から音色や機能が異なってくることを、楽器をつくって演奏することによって体験的に知ることができる。

③楽器の音色や機能の違いから、オーケストラの楽器や民俗楽器（例えば日本なら、篠笛、篳篥、尺八、三味線等）とそれらの音楽分野へ学習を発展させることができる。

（4）楽器の「材料そのもの」に目を向けることができる

楽器はもともと身近にあるものを素材としてつくられた。特別な材料ではない。そして自分が音を出したいから、演奏したいからつくった。自分で材料を探し、吟味し、つくり、好きなように演奏する。楽器と人の関係の根本を経験できる。

> **考えてみよう・やってみよう**
>
> 空のペットボトルを使って、様々な楽器をつくってみよう。何種類つくれるだろうか。四つ五つはあたりまえ。

第1章 子どもから学ぶ 69

21 自信なくて当たり前！「心得帳」
～「楽器づくり」でひらく待ち遠しい授業2～

教師の視野が格段に広がる

　楽器づくりの実践を始めようと思うことが大事！　当たり前のことだが、「むずかしそう」「初めてだから自信ない」と思うのは人情。それでいいと思う。みんな初めは自信ない！　こわごわ、ゆっくり始めてみるのがいい。そのうちハマってる自分に気づく。考えるときの引き出しが増えている自分に気づくのがうれしい！

楽器づくりの心得帳

（1）価値観の転換……手づくり楽器は既製の楽器より一段劣る、という印象を払拭することが一番大事だ。

> 子どもがつくった楽器でなければ出すことのできない音があり、その音だからこそ表現することができる音楽がある！

　これなのだ。既成の楽器に近づけようとする発想がアカンのだ。モデルにする音楽や演奏に近づけようとする発想そのものがダメなのだ。
　既成の楽器に近いモノをつくろうとする限り、いつまでも既成の楽器の代替えであり、それは永遠にイミテーションだ。似たモノをつくって子どもは自分に自信を持つだろうか。似たモノをつくらせて教師は胸を張れるのか。そこから出る音に「よく似てる。そっくりだ」と一喜一憂するばかばかしさに一秒でも早く気づこう！
　音楽教育として子どもの何を育てるのかを忘れてはならない。

（2）楽器を生かす音楽の創出……つくった楽器を最高に生かす音楽が必要だ。楽器を「つくって終わり」ではないはずだ。つくった楽器とその音を生かす音楽の両方が必要だ。

> つくった楽器の音にふさわしい音楽をつくり出したり、選んだりすることができるような授業を生み出す。

（3）教師自身が体験を……楽器をつくったことがない人が、子どもに楽器づくりの指導をすることは不可能だ。論文を書いたことのない人が論文指導する図式と同じだ。

　自分自身が素材に働きかけて、工夫し、試行錯誤しながら楽器をつくる体験をして初めてワカルことが山ほどある。試行錯誤したからこそ発見できた技術的なコツがある。

> 自身が体験したからこそ、楽器づくりの過程で起きる子どものつまづきや悩み、喜び、楽しさがワカル。

　頭では決してわからない世界がある。
　「経験がモノをいう世界」がまさに教育の世界なのだ。

材料（素材）の知識を

　楽器のつくり方に注目されがちだが、それ以上に重要なのは、材料（素材）と道具の特徴や性質、種類等を調べて知っておくことである。
　教材解釈のバックグラウンドとして材料と道具の知識が不可欠なのである。しかし、時間がかかる。
　私の経験談を一つ。これはすごく勉強になったから。
　2002年、日本テトラパック株式会社から「紙パックと環境教育について本を一冊つくってほしい」という依頼があった。4面体の紙パックの牛乳、あの「三角パック」を1940年代に開発した紙パック世界最大手の日本法人からだった。
　牛乳パックとも呼ばれる「紙パック」からは、原料と森林資源の関係、紙パックの特性と役割、経済社会との関わり、リサイクル、リユース、歴史や製造工程、環境教育との関わり等々、紙の知識のみならず、紙パックと現代社会との様々な関係性を初めて知ることができた。
　知れば知るほど、「紙パック」は教育のあらゆる分野で使える好適の教材になると確信した。
　調べ始めると「これも関係してたんだ！」という事実に出会う。
　今や常識にもなっている牛乳パックの上部についている「切欠き」（＝バリアフリーマーク：写真）がついたのは、2001年12月から。
　「牛乳」だけに「切欠き」があり、切欠きの反対側が「開け口」だ。
　便利な容器だけではない。たかが紙パック、されど紙パックなのだ。

牛乳パックの切欠き

> **考えてみよう・やってみよう**
>
> 下の図「鳥笛のつくり方」を見て、鳥笛をつくってみよう。

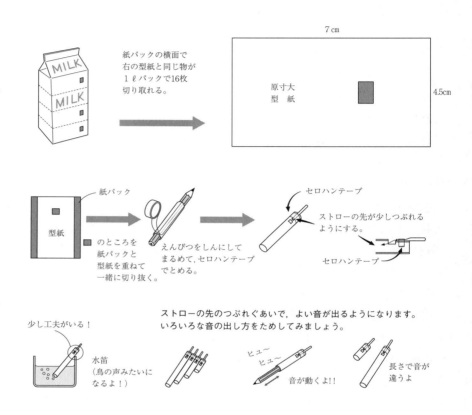

図「鳥笛のつくり方」

22 今こそ！ 総合的な学習を
~古代楽器「土笛」への招待~

　消防車が来た！　えっ、まさか…。予感は的中した。夜明け頃、土笛の野焼き準備のために、運動場に掘った直径3メートル、深さ30センチ程の穴で、ちょっと大きめのたき火をしていたときだった。

　「運動場が燃えている！」近所の家から消防署に通報が入り、近くの分署から消防車が出動したのだった。

　私の実践にはこんな騒動のオマケが多く、関係の方々に多大な迷惑をかけてきた。猛反省している。

　土笛は、取り組み始めて以来32年間継続中である。

これが「土笛」

　小学校で14年、大学で18年の実践・研究は、ようやく学術研究助成金（科研費）[注]を獲得し、学術研究としても評価された。土笛をめぐる研究は生涯続けていけるライフワークとなった。

　土笛には私たちを虜にして離さないモノがある。

　未知という不思議、古代のロマン、土の感触、炎の感覚、そして何よりも、自分がつくった世界にたった一つの楽器で自分のオリジナル音楽を演奏するという経験ができることである。そのプロセスには子どもの数だけのすごいドラマがあるからだ。

授業はまるでイベントだ

① 土笛をめぐる実践は小学4年生から始まる。土笛づくりに先立って、すてきな音探し→音づくり→ストローを使った笛づくりと音楽づくり→発表会。

② 5年生では、土笛の形づくり→乾燥→サウンド・ウォーク→野焼き→音楽づくり→演奏→発表会。

【注】日本の大学関係者や研究者は、独立行政法人 日本学術振興会の科学研究費助成事業、いわゆる「科研費」の獲得によって研究が学術研究として公式に認められた証となり、その助成金で積極的に研究推進することができる。
　土笛については、「古代楽器『土笛』を用いた、一貫型音楽活動体験新教育プログラムの開発」（「科研費」課題番号25381245、研究者：橋本龍雄）の研究に対して、2013年度から3年間で429万円の助成金を得た。

③6年生になると、学校周辺へ粘土の採集→土笛づくり用の道具づくり
　→採集した粘土を使って土笛の形づくりと同時に土器づくり→乾燥
　→土器と土笛の野焼き→土器：赤米の炊飯と塩づくり・試食、土
　笛：音楽づくり→演奏→発表会。

　イベントの連続の授業だが、子どもらはおもしろくてたまらないとい
う。土笛ばかりをやっていたいという。子どもの心をわしづかみにする
魅力が土笛にあるのは事実だ。

　私の思いつきで始まり、試行錯誤ばかりの「土笛」の実践に、子ども
らは嬉々として取り組んだ。土笛との出会いから初めての授業での思い
がけない出来事も含めて、子どもの意気込みとやさしさを紹介する。

《出会い》～立ち読み

　1985年夏、書店で立ち読みしていたとき、柴田南雄著『楽器への招
待』（新潮文庫）を見つけた。

　土笛の出土品のカラー写真と解説が見開きで載っており、弥生時代前
期（2300年前頃）の祭礼に使われた素焼きの笛だという。

　小・中・高校の歴史でも習った覚えはない。銅鐸より前に使用された
楽器だった。

　どんな音がするんやろう？　家に帰っても頭の中は土笛の音、音、音。
土笛の音を、いますぐ聴きたい。つくるしかない。

　夕方学校へ行って、図工準備室のバケツの底に残っていた粘土を発
見。本の写真を見ながらつくった。粘土は乾かさないとダメだと習った
記憶…。出来上がった土笛をじっと見ていたが、音を聴きたいから、ダ
メもとで…、吹いた。ポー、ボー。ええ音や！　子どももきっと感動す
ると思い、2学期早々の授業で、土笛をつくろうと決めた。

《試行錯誤》～つくれるか？

　つくり方も手順も試行錯誤のまま、僕が土笛を知ったいきさつを話
し、土笛をつくろうと持ちかけた。子どもらは、「つくろう」「つくって
みたい」「先生がつくれたから、私らもつくれる」という。

　粘土で土笛をつくるという作業は、僕も子どもも初めて。僕の粘土の
経験は、あぜ道で採ってぶつけて遊んだことと、学校で灰皿をつくった
記憶のみ。経験のない教師と子どもの「試行錯誤」の授業が始まった。

　黒板に貼った土笛の写真に似せてつくる。できるもんだ。写真の形の
土笛が次々と出来上がっていった。

　「音は？」一人の子がポーと鳴らした。そのとたん全員がその子の方

を一斉に見る。一瞬の静寂。そしてまた黙々と自分の土笛をつくり出す。いつものようなおしゃべりがない。張り詰めた空気が教室中を包んでいる。子どもがこんな空気感を生み出せることに驚いた。

鳴らない土笛

　形ができても音が鳴らない子どもも多い。つくり方が悪いと考えて、友達の土笛と吹き口を比べたり、吹く強さや角度等の吹き方の違いに気づき、それを教えあったり、土笛そのものを交換して吹き合ったり…。このような光景は初めてだった。自分自身の土笛をつくって鳴らすことが、子ども一人ひとりの切実な問題になっている。だからこそ、子どもは真剣にやっていると思わずにはおれなかった。

《乾燥》〜落として割れて

　教室の後ろの棚に土笛をズラッと並べて、1ヵ月間乾燥させた。「できるだけ触らないように」と言って「はい、そうですか」となるはずがない。触りたくて仕方がない。1ヵ月間も見てるだけ…は、子どもには無理な要求だった。鳴らなかった子どもは、そっと手に取って吹いてみると、そのうちに鳴り出してくる。粘土が乾くと鳴りやすいのだ。次々に土笛を手に取って吹く子ども。

　「あっ！」友達の体に手が触れて、土笛が落ちて割れた。泣く子とあやまる子。割れた破片を一片ずつ丁寧に拾って、広げたハンカチにのせる。そのまま僕のところへ持ってきて黙って差し出す。目には涙がいっぱいだった。

　つくり直すしかないことを伝えた。放課後、廊下の一角に粘土と机とバケツを置いて、いつでも誰でも土笛のつくり直しができる場をつくった。

　落として割れた子と体が触れた子が、いっしょにつくっている姿がそこにあった。土笛を完成させたい真剣な思いが、お互いにワカルからこその行動だと思う。

　それからは、毎日そこに誰かいる。何個もつくる子も現れて、にぎわい、そこはまるで井戸端会議場になっていた。

《野焼き8時間》〜どんどん割れる！

　野焼きをしよう！

　土器の野焼きの本はある。しかし土笛の野焼きはない。

　土器を焼く方法と同じ方法だろうと思った。工務店でトラック1台分

第1章　子どもから学ぶ　　75

「あったか〜い！」
（野焼き開始）

野焼き中

もっと扇げ、あおげ！熱い！

これで万全！

この熱さがたまらない！

終了！

　の端材をもらい、土器と同じ方法で野焼きを開始した。
　2時間ほどして、炎の中から栗がはぜるような、鈍い音が聞こえた。次から次へ続く鈍い音。破片らしき物が飛び跳ねる。
　「割れたんとちゃうか？」「割れた！」「いや、割れてへん」。
　炎を囲んでいた子どもらが口々に言う。
　願いとは裏腹に、目の前で起こる景色が現実であった。300個以上の土笛のほとんどが割れてしまった。
　泣きじゃくる子ども。呆然とする子ども。泣きながら僕に喰ってかかる子ども。
　僕はゴメンナサイのひと言すら言えなかった。

教室へ戻ってきた子どもらを前に、僕は初めて子どもらに謝った。謝ることしかできなかった。何時間にも感じた無音の数分間。
　子どもから口を開いてくれた。「もう一回土笛をつくらせて…。」
　これ以上の深い、やさしい言葉があるだろうか。
　子どもに感謝してもしきれないこの出来事のお陰で、以後30年以上僕は土笛の実践をずっと続けることができている。

> **考えてみよう・やってみよう**
>
> 楽器づくりには失敗がつきものだ。
> ①なぜ失敗したのか。②どうすれば上手くいくのか。
> この2点をくり返し行うことが「学習の本質」の一つである。
> p.74の1行目「③6年生になると、…」の活動を行う総合的な学習の授業計画を立案しよう。

国立科学博物館中庭ライブ・コンサート
（ジョゼフ・ンコシ氏と）

23 古代のロマン…「土笛」をつくろう！
~古代楽器／歴史・粘土・野焼き／体験~

歴史

破損のない土笛
（下関市立考古博物館
HPより）

1966年8月2日、山口県下関市の綾羅木郷台地遺跡で「土笛」が発見された。それは今から2300年程前（弥生時代前期）に使われた土笛だった。約200年もの間、福岡県から山口県〜島根県〜鳥取県〜京都府に至る日本海沿岸地域で使われた。ところがあの銅鐸が使われ始めた頃（弥生時代中期）には、土笛は日本の歴史から姿を消した。

誰がつくり、何に使われたのだろう。土笛は倉庫跡から1個しか見つからない。住居跡からは見つからない。当時の人々にとって特別な存在だったことは間違いない。特別な人だけが祭礼で扱うモノだった。ムラの人々が集まる祭礼の儀式で吹かれた土笛の音は、まさに人々の思いや願いをカミに伝える音だったのだろう。

土笛は27遺跡から116点出土（2015年現在）。破損のない完全形の土笛は18個。

《分布》出土地は日本海側に偏っている。

弥生時代前期の文化が伝わった「日本海ルート」と重なっているのがおもしろい。そのルートは対馬海流にのって青森まで北上する。

土笛出土遺跡分布図
（江川幸子（2012）「集成 弥生の土笛」『松江市史　史料編2』を改編）

「土笛」をつくろう

（1）粘土はどこに

　そもそも粘土はどこに売っているのだ？

　土笛をつくって、音を出して、音を聴いて、友達と音楽をつくる…。おもしろそうだと思っても壁が立ちはだかる。粘土は？　つくり方は？　野焼き？　見当つかないことが多すぎて、だめだこりゃ！

　大丈夫！　一歩だけ踏み出す勇気をもって。

【粘土】大阪在住の私は、信楽焼（タヌキの置物で有名な。滋賀県信楽町）の土を使ってきた。粘土工場から宅配便で届く。子どもが扱いやすく、野焼きをしても割れにくい粘土はコレ！

▶商品番号……67番　S3の3赤土

▶写真の粘土の塊1個が20kg。注文単位は「○個」で。
　粘土1個（20kg）で一人土笛3個つくって約40人分）

▶連絡先：「精土」0748-82-1177　　FAX 0748-82-0762

▶「大阪音楽大学の橋本龍雄から聞いた」と伝えるとスムーズ。

宅配便で届いた粘土

粘土と土笛

（2）粘土の豆知識

①乾くと固まる。水につけすぎると泥に戻る。

②土笛の成形中、表面に細かなひび模様が現れると水分不足。指に水を浸して表面を優しく撫でるといい。

③服についた粘土は、乾いてからはたくと取れる。

④粘土で汚れた机などは、水拭き→乾いたら→もう一回水拭き。

⑤つくった土笛は底の浅いダンボール箱などで保管、乾燥させる。

⑥乾燥は、夏場3週間、冬場4〜5週間。日当たりの良い窓際で。

⑦粘土の保管は、「蓋つきのゴミ用ペール」で。底に数cm水を貯めて、ビニールに包んだ粘土を入れておく。

⑧粘土は乾くと1割縮み、焼くともう1割縮む。

ダンボール箱で乾燥

（3）土笛のつくり方

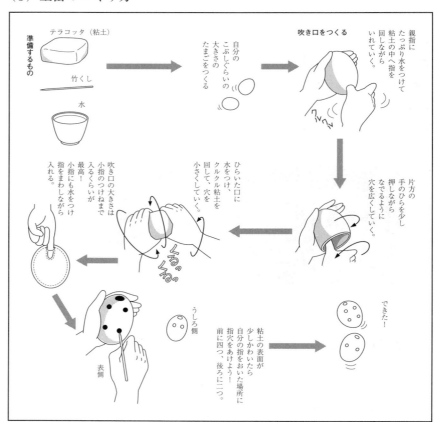

【参考文献】橋本龍雄（1997）
『カリブ海の風』トヤマ出版

野焼きの方法

　野焼きは、熱で土の色が変化していく様子がつぶさに観察できる！
　火の熱さや煙の匂い、野焼き場に吹く風の重さや密度など十分に五感が刺激される絶好の機会だ。非日常だからこその経験ができるのだ。
　土笛が割れる不安と焼き上がりの感動がセットで子どもといっしょに経験できる3時間である。それらは後の授業で子どもとずっと共有でき

る経験なのである。

　野焼き場は、3畳程度のスペースがあれば可能だ。消防署への事前連絡は不要。いわばバーベキューをやっている程度なのだ。

　30年間の試行錯誤の結果、「学校で、安全に、容易に、短時間で」行える土笛の野焼きの方法はこれだ。

　野焼きは、「火」「土」「天気」と相談しながら行うのが一番いい。人にはどうすることもできない自然を相手に行うのが、野焼きなのである。

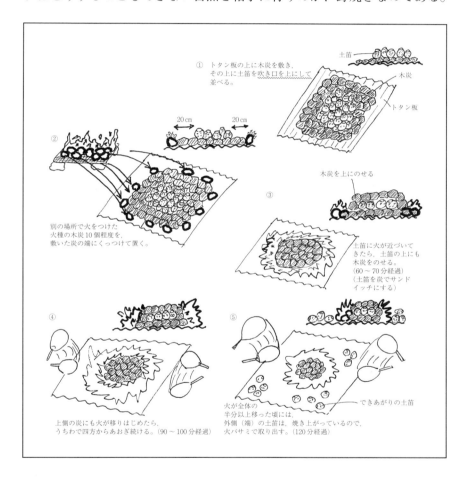

＊実践協力：大阪府枚方市立津田小学校、大阪府大東市立諸福小学校、福井大学教育地域科学部、大阪音楽大学

自分の土笛を見つけたら、試奏

最後に消火。野焼き終了！

82

> **考えてみよう・やってみよう**
>
> こんな手間ひまのかかる土笛づくりの実践を計画するとしよう。
> ①大まかな授業計画を立ててみよう。
> ②どんな項目をクリアする必要があるだろうか。
> ③「土笛づくり」と「野焼き」の学習指導案を作成しよう。

Memo

24 知ってるつもり…ポピュラー音楽
～今にいたる人気の大衆音楽とその楽器～

ポピュラー音楽とは

　広義では、ポピュラー音楽（popular music）は文字どおり「大衆音楽」のことで、「一般大衆に受け入れられ、親しまれる音楽」をさす。音楽的な知識がなくともそれを聴けば理解できる音楽であり、誰でも気軽に愛好できるのが大きな特徴だ。

　1887年の蓄音機の発明以来、レコードなどの複製技術の発達とラジオ、テレビ等のマスメディアと結びついて急速に世界的規模で広がり、今では様々な音楽が影響しあいながら新しいポピュラー音楽が生まれている。

　世界中の音楽を大きく三つに分けると、芸術音楽と民俗音楽の中間に位置する最も広い領域の音楽なのである。

ポピュラー音楽の源流と発展

　1492年ヨーロッパ人による北アメリカの植民地化が始まり、奴隷制、独立戦争を経て、北アメリカの人々の暮らしから独自の音楽文化が生まれた。その源流は、アフリカ系アメリカ人による「アフリカ起源の音楽」（ブルース、ジャズ、リズム・アンド・ブルース等）と、白人系アメリカ人による「ヨーロッパ起源の音楽」（フォーク・ソング、カントリー・アンド・ウェスタン等）の二つの流れがある。

　両者は様々な形で交流、融合しながら、ビ・バップ、ロックンロール、ロック、ソウル・ミュージック、フュージョン等々が生まれ広がり、現在も発展している。

　この発展の原動力としてレコードとラジオの存在が大きい。

　1920年代には、多くの人々は、お気に入りの曲とミュージシャンの演奏を居ながらにして聴けるようになったのである。このことは100年たった今も変わりがない。

　またマイクロフォンの使用によってハーモニーや甘い声質を強調した歌（ヴォーカル）が人気を呼び、ポピュラー・ヴォーカルの主流となっていった。一方、元々国や地域の民俗音楽だったラテン音楽（フォルク

84

ローレやタンゴ、サンバ等々）もマスメディアによってポピュラー音楽化し、ボサ・ノヴァ等様々な音楽が生まれ発展している。

日本のポピュラー音楽

明治時代は三味線伴奏の俗曲、民謡、唱歌等が流行し、大正時代には様々な西洋音楽を融合する形で歌謡曲や演歌などに発展していった。

1930年頃から歌謡曲や演歌が、放送や映画、レコード等と結びついて日本中で流行した。

1960年代にはアメリカの影響を受けて、グループ・サウンズやフォークが流行し、その後のニューミュージック、J-POPへと発展する基となった。また、1977（昭和52）年の中学校教科書でもフォークや歌謡曲が掲載され始めた。

ポピュラー音楽の代表的な「楽器」

ドラム・セットとエレキ・ギター（エレクトリック・ギター）といわゆるキーボードがポピュラー音楽の楽器の代表である。

①**ドラム・セット**：ポピュラー音楽には不可欠なリズムの要の楽器で、ドラム・セットはジャズの誕生とともに始まるといわれている。その根幹には「ペダル」と「ハイハット」の発明がある。足で操作するペダルは両手を自由にし、ハイハットはシンバルの音の表現を大幅に広げた。その後タムタム、フロアタム、ライド・シンバルなどがセッティングされて、1940年代には現在の形態が出来上がった。そして、1950年代のロックンロールの大流行で、ドラム・セットは一気に世界に広がったのである。

②**エレキ・ギター**：1936年、アメリカのギブソン社が発売したES-150を使ったグレン・ミラー楽団のソロ演奏が大評判になり、1950年にフェンダー社製のボディーに空洞のないソリッド・ギターがロックンロールのブームに乗って爆発的に普及した。

③**キーボード**：現在は電気ピアノやシンセサイザー等の総称としての呼び名。1940年頃にアメリカのローズが開発した電気ピアノが基で、1960〜70年代にジャズやロックのミュージシャンに大人気となり、80年代には新たにシンセサイザーが開発された。

> **考えてみよう・やってみよう**
> 《ハッピー・バースディ・トゥ・ユー》はどのようにしてヒットしたのだろう。

25 《守り子歌》を知っているか
～子守歌の何を教えるのか～

♪ ねんねんころりよ　おころりよ　坊やはよい子だ　ねんねしな ♪

　この歌は教科書（小5）では《子守歌》、一般に《江戸子守歌》と呼ばれている。ラジオもない江戸時代、地方の小さな村の子守歌が全国に波及した。どのように広まったのだろうか。私は、「旅芸人」がキーパーソンではないかと思うのだが。

　子守歌は、子どもを寝かせるために歌った歌だと思っていたが、それだけではなかった。「守り子歌」という日本独自の子守歌があったのである。

　子守歌は、
　①眠らせ歌（幼児を寝かせる）
　②遊ばせ歌（幼児と遊び喜ばせる）
　③守り子歌（子守りをする少女自身のために歌う）
に大別できる。

守り子歌

　貧しい農家が口減らしのために、5歳～13歳くらいでよその村の農家や町の商家に、子守り奉公に出された娘（守り子）自身を慰めるために歌った歌である。

　歌の題材は、守り子の身辺の出来事や批評、路上の人や自然といったものに限られている。守り子自身の関心事が、自分の身近な現実に縛られていた…そうならざるをえない生活だったからである。

　守り子たちが生きてきた具体的な現実を抜きにして、「守り子歌」を読むことはできない。

　私たちはできる限りの想像力を駆使して、守り子自身を主格として読んでこそ意味がある。

五木の子守歌

　　～私が死んだからといって、いったい誰が泣いてくれるのか
　　　誰も泣いてはくれない　ただ裏の松山で蝉が鳴くだけだ～

～いいえ、蝉ではありません　妹です　妹よ泣いてくれるな
　　おまえの涙がいつまでも気にかかるから～
　～もしも私が死んだなら　道ばたに埋めてくれ
　　そうすれば通る人ごとに
　　花をあげてくれるだろうから～

　これは《五木の子守歌》の歌詞を現代語に訳したものである。
　守り子たちがひとところに集まって、次々と即興的に歌ったのだろうか。
　5～13歳の子守り娘たちが自分の死の風景までも共有してうたう歌は、聞く者の心に突き刺さってくる。
　守り子たちの生の現実が伝わってくる。

竹田の子守歌

　～久世の大根めし　吉祥の菜めし　またも竹田もんばめし～
　もんばめしは、米に豆腐のおからを混ぜた飯のこと。大根めしや菜めしは最も貧しい食事のこと。そのような毎日の生活を想像することはとても苦しいが、今の自分自身の生活をしっかり見つめることはできるはずだと思う。

子守歌の何を教えるのか

　子守歌の背景には、風俗、習慣の違う土地の人々の様々な生活が連綿と息づいている。
　授業で子守歌を扱うとき、「曲を紹介する」だけでなく、**教師自身がどのように子守歌の全体像を捉えているか**が、授業の重要なポイントではないかと思う。
「子守歌の何を教えるのか」。
　そこに民俗音楽である子守歌を教材化する意義がある。

　考えてみよう・やってみよう

　・日本と外国の「眠らせ歌」と「遊ばせ歌」を探してみよう。
　・《守り子歌》を歌う守り子の生活とは、どのようなものだったのだろう。

第1章　子どもから学ぶ　　87

26 音楽にできること
～社会の中の音楽と自分～

　家族や親戚、友達、地域の人々や自分にとって、音楽って何なのだろう。「音楽にできること」とはどういうことなのだろうか。

　音楽のチカラのようなものが人の「心」に直接作用している気もする。今後「人と心と音楽」の問題が、社会でも学校でもクローズアップしてくると思う。

　ここでは、様々な人々と暮らしている今の自分をもう一度見つめて、「人と心と音楽」を軸にして、「音楽にできること」を考えてみたい。

被災地での出来事をきっかけに

　1995年1月17日、阪神・淡路大震災が起こった。

　「被災地だからこそ立ち上がり、新たな出発の門出としよう」と、鎮魂・復活・希望をテーマに、第13回サントリー一万人の《第九》コンサートが開催された。

　2011年3月11日、東日本大震災起こる。

　仙台フィルハーモニー管弦楽団は、被災した団員が多い中、震災2週間後の3月26日、30人の団員で「第1回復興コンサート」を見瑞寺で開いた。

　翌年2月末までの1年間に、避難所や学校、商店街等で行った「復興コンサート」は220回。37日間連続の開催もあった。

　楽団専務理事の大澤氏は、「今回の活動でわかったことは、〈音楽が、立ち上がる人々の心にエネルギーを充填してきたのではないか〉」だという。

　小・中・高校生楽団の「スーパーキッズオーケストラ」は震災1年後の3月11日に演奏会、2011年8月3日釜石市根浜海岸での震災犠牲者追悼の演奏を行った。

　2012年7月1日、東北地方に寄せられた多くの震災支援への感謝の気持ちを表す「感謝太鼓まつり（32団体参加）」で、福島県7団体の太鼓合同演奏会が催された。

　音楽を演奏する人々の「思い」が伝わってくる。

音楽を媒介にして、大人と子ども、演奏する人と聴く人との心（気持ち）の通じ合いがはっきり感じられる。音楽を通して、ストレートにお互いの「思い」がワカル。音楽ってすごいと思わずにはいられない。

社会の中の音楽

「音楽にできること」。言葉や文字では伝えることのできない「気持ち」や「心と心がつながる感覚」などは、音楽を媒介にすると伝わることが震災後の数々の音楽活動を通じて感じることができる。

また音楽が、個人の利害を超えて人と人をつなぐことも教えられた。社会の中での音楽の存在はとても大きい。

自分の地域に目を向けよう

被災地のいたるところで、「祭り」や「芸能」がいち早く復興したそうだ。

祭りや民俗芸能への人々の思いは、地域の環境や歴史、労働、毎日の生活、親戚や家族・友達をはじめ、様々な人間関係がベースにあってこそ生まれるものだ。それは地域の人々のアイデンティティの源であり、コミュニティのシンボルだからだと思う。

そのような祭りや民俗芸能と一体になっている音楽は、今では地域の風景や人とのつながりを思い出させる大切なスイッチでもある（小学校4年教科書「日本のお祭りをたずねて」教育出版、参照）。

点と点をむすぶ学習を

震災に関わる様々な出来事それぞれを「点」とすると、授業でできることは、①各々の様子（点）を伝えることと、②点と点を結んで「線」にする学習ではないだろうか。

人々の動きが具体的になっていくと、そこから「人の気持ち」や「人とのつながり」、「音楽を通した取り組み」、「自分と音楽」等の共通項が「線」となって浮かび上がってくる。そこで初めて、震災での出来事が音楽や自分につながって、腑に落ちるのではないだろうか。震災から学ぶ授業の意義はここにあると思う。

いつもそばに音楽がある

苦しいとき・悲しいとき・うれしいとき・もの思いにふけたいときなど、ふと音楽を聴いてみたくなる。応援したり、懐かしんだり、力を合わせたりして、いっしょに歌い、踊っていると気持ちが一つになってい

くことがわかる。人と、音楽を共有することの素晴らしさやその充実感がワカル。音楽が人と自分とをつないでくれるという安心感。自分のそばにはいつも大切な音楽があると思うとしあわせだ。

「音楽にできること」を考えてみよう

　音楽でこそ伝えられることがあり、音楽が心の慰めにも未来への元気づけにもなり、音楽で人の心と心をつなぐこともできる。

　音楽は生活の中にしっかりと存在しているからこそ、大切だと気づくことができる。音楽は個人のものだから、音楽をどう感じるのかも自由だ。だから人と共感できるのだろう。

　「音楽にできること」を考えることは、すなわち今の自分と音楽をもう一度見つめて、「自分は音楽を通して何ができるか」を考えることなのではないだろうか。

　人のそばにはいつも音楽がある。だからこそ子どもたちには、社会の中の音楽の意義を自分なりに考えてほしい。そして学校の音楽の学習が「意味あるもの」として捉えてくれればなぁ。

考えてみよう・やってみよう

「音楽を通して、自分は何ができるか」を考えてみよう。

第2章
音楽授業の基本を学ぶ

　教員になって初めて赴任したとき、「先生、音楽の指導できますか」と問われ、「ええっ」と立ち止まってしまう人は少なくない。また、「はい」と答える人でもその理由を聞くと「ピアノが弾けます」というものであったり、「大学でコーラスをやってました」というものであったりする。人間は経験をもとに動くことが多いので、音楽の授業も自分が受けてきたように行えばよいと考えている人もいるかもしれない。しかし、それは自分が受けてきた教育方法の再生産にしかすぎない。自分ができることと、子どもに教えることとは全く別物である。

　なぜ小学校で音楽の授業が必要なのか、また何をどこまで指導すればよいのか、学生の間にそのアウトラインをつかんでおくことが必要である。

　第2章では小学校教員養成課程で学ぶ方々を念頭に、これだけは押さえておいてほしいということを記した。学生の皆さんが教育実習などで生かしていただければと願っている。

（松永洋介）

27 学習指導要領を学ぶ
～学習指導要領をどう読むのか。
指導案にどう生かすのか～

教育と法律

日本国憲法
↓
教育基本法
↓
学校教育法
↓
学校教育法施行規則
↓
学習指導要領

まず学習指導要領の位置づけについて理解しておく必要がある。

学習指導要領は日本の法体系の中では左図のように位置づく。なお、学校教育法と学校教育法施行規則の間には大きな違いがある。学校教育法は法律であり、国会での議決が必要となる。しかし学校教育法施行規則は省令なので国会での議決は必要なく、文部科学大臣のはんこ一つで決まる。

学校教育法第21条では、「義務教育として行われる普通教育は、教育基本法（平成18年法律第120号）第5条第2項に規定する目的を実現するため、次に掲げる目標を達成するよう行われるものとする」として10項目を挙げている。そのうち音楽に関わるのは次の条文である。

「九　生活を明るく豊かにする音楽、美術、文芸その他の芸術について基礎的な理解と技能を養うこと。」

これだけである。音楽という教科についての規程はここにはない。それが示されているのが学校教育法施行規則である。第50条には次のように記されている。

「小学校の教育課程は、国語、社会、算数、理科、生活、音楽、図画工作、家庭及び体育の各教科、道徳、外国語活動、総合的な学習の時間並びに特別活動によって編成するものとする。」[注1]

【注1】もともとは「小学校の教育課程は、国語、社会、算数、理科、音楽、図画工作、家庭及び体育の各教科、道徳、並びに特別活動によって編成するものとする。」であったが、平成元年改訂により生活科が加わった。続いて平成10年改訂で総合的な学習の時間、平成20年改訂で外国語活動、平成27年改訂で道徳、平成29年改訂で外国語科が加わった。

ここで初めて小学校で音楽という教科があることが示されるのである。もしこれが法律だったらどうなるだろう。新しい教科をつくるときには、国会での議決が必要となる。その場合には委員会審議→委員会採決→衆議院本会議審議→衆議院本会議採決という手順を踏み、その後参議院でも同じような手続きが必要となる。そうして初めて天皇陛下の裁可が降り、官報に掲載されるという気の遠くなるような作業となる。もともとこの条文には「生活」や「総合的な学習の時間」はなかった。それぞれ時代の背景を踏まえてつくられたが、国会で審議をしていてはとても間に合わない。したがって省令として、文部科学大臣の裁可にすることによって柔軟な運用が可能となるのである。

学習指導要領の位置づけ

では、学習指導要領はどこに位置づくのだろうか。それは学校教育法施行規則に示されている。第52条に次のように示されている。

「小学校の教育課程については、この節に定めるもののほか、教育課程の基準として文部科学大臣が別に公示する小学校学習指導要領によるものとする。」

したがって学習指導要領は法令であるという解釈も成り立つ。

学習指導要領の構造

ここでは小学校音楽科の学習指導要領を取り上げてみていく。

学習指導要領の構造は、大きく、（1）教科の目標→（2）各学年の目標→（3）各学年の指導内容→（4）指導計画の作成と内容の取り扱いの順になっている。以下、それぞれについて述べていく。

（1）教科の目標

小学校6年間で「音楽科が担うべき役割とそのめざすところを総括して示したもの」である。以下のように示されている。

「表現及び鑑賞の活動を通して、音楽を愛好する心情と音楽に対する感性を育てるとともに、音楽活動の基礎的な能力を培い、豊かな情操を養う」

ここでは、「活動」「心情」「感性」「能力」「情操」の五つがキーワードとなる。

（2）各学年の目標

（1）では6年間を通して達成する目標を示したが、6年間は長い。そこで目標を細分化して学年ごとに示したものが「各学年の目標」である。算数のように1年生から6年生まで1年ごとに示されている教科もあるが、音楽科をはじめ多くの教科では1・2年、3・4年、5・6年と2学年ずつ示されている。

各学年の目標は①②③の3項目からなる。

①は関心・意欲に関する目標である。②は表現の能力に関する目標である。③は鑑賞の能力に関する目標である。

これを1・2年、3・4年、5・6年と項目ごとに比較すると少しずつ文面が変化している。例えば②の表現については次のようになっている。

1・2年　基礎的な表現の能力を育て、音楽表現の楽しさに気づくようにする。

3・4年　基礎的な表現の能力を伸ばし、音楽表現の楽しさを感じ取るようにする。

5・6年　基礎的な表現の能力を高め、音楽表現の喜びを味わうよう
　　　　にする。

　アンダーラインに示したように、基礎的な表現の能力を1・2年では
「育て」、3・4年では「伸ばし」、5・6年では「高め」と発達段階に応じ
た目標設定となっている。また、1・2年では「気づく」、3・4年では「感
じ取る」、5・6年では「味わう」となり、さらにその対象が1年生から4
年生までは「楽しさ」であるのに対して、5年生からは「味わう」とな
っている。
　同様に①関心・意欲や③鑑賞の能力についても学年の発達段階に応じ
た目標設定となっている。

（3）各学年の指導内容

　各学年の指導内容は大きく「A　表現」「B　鑑賞」の2領域からなる。
そのうち「A　表現」は①歌唱、②器楽、③音楽づくりの3分野からな
り、さらに④として教材選択の観点が示されている。歌唱の場合は各学
年4曲ずつ共通教材が示されている。
　各学年の指導内容も、2学年ずつ示されているが、各学年の目標と同
様、同じ項目を学年を通してみていくと、少しずつ変化していることに
気づく。例えば歌唱はア、イ、ウ、エの4項目からなるが、アを2学年
ずつ見ていくと次のようになる。
　1・2年　範唱を聴いて歌ったり、階名で模唱したり暗唱したりする
　　　　　こと。
　3・4年　範唱を聴いたり、ハ長調の楽譜を見たりして歌うこと。
　5・6年　範唱を聴いたり、ハ長調及びイ短調の楽譜を見たりして歌
　　　　　うこと。
　これは聴唱と視唱に関わる内容である。わかりやすく言えば耳コピー
と目コピーに関わる内容である。
　同様に、イは表現の工夫に関わる内容、ウは発声に関わる技術、エは
輪唱・合唱に関わる内容と言える。
　器楽についてもアからエまでの4項目からなる。内容のカテゴリーは
歌唱と似ている。アは耳コピー、目コピー、イは表現の工夫、ウは「音
色に気をつけて」楽器を演奏する、エはアンサンブルである。
　音楽づくりはア、イの2項目である。
　アは即興的な表現、イは音楽の仕組みを用いた音楽づくりがキーコン
セプトとなる。
　教材についてはア、イ、ウの3項目からなる。アは歌唱教材、イは器
楽教材、ウは歌唱共通教材である。1・2年生の場合「斉唱及び輪唱で

歌う楽曲」となっているので合唱曲を扱うのは適していないということになる。

一方、「B 鑑賞」は①指導内容、②教材選択の観点からなる。①はア、イ、ウの3項目からなっている。アは曲想に関わる内容、イは音楽を構成する要素と楽曲の構造に関わる内容、ウは批評に関わる内容である。また、②もア、イ、ウの3項目からなる。アは楽曲を特定のジャンルに偏ることなく幅広く選択することであるが、日本の伝統音楽が含まれていることに注意したい。イは音楽を形づくっている要素との関わり、ウは演奏形態に関わる内容である。

(4)〔共通事項〕

音楽はリズム、旋律、テクスチュア（和音）などの構成要素からなっている。これらは歌唱、器楽、鑑賞の各領域に含まれ、音楽を特徴づけている。また、音楽づくりの場合にはこれらを用いて活動する。さらに音符や休符、強弱を表す記号は表現、鑑賞の両方に共通している。こうして全領域を共通するものとして設定されたのが〔共通事項〕である。〔共通事項〕はア、イの2項目からなる。アはさらに(ア)、(イ)に分けられる。(ア)は音楽を特徴づけている要素に関わるものであり、(イ)は音楽の仕組みに関わるものである。また、イは音符、休符、記号など音楽に関わる用語を示している。

以上のように、多くが掲載されているように見える学習指導要領も、学年ごとに横のつながりで見ていくと、学年が進むにつれて高度になっていることがわかる。

(5) 指導計画の作成と内容の取り扱い

「指導計画の作成と内容の取り扱い」は表現（歌唱、器楽、音楽づくり）と鑑賞の各領域について、具体的な内容を示したものである。

学習指導要領を読む際に、各学年の目標や指導内容に目が行きがちである。しかし、この部分を読むことによって各学年に示された指導内容について、どのように指導するのか、またどの楽器を用いるかがわかる。詳細は次ページ以降で述べる。

考えてみよう・やってみよう

歌唱、器楽、音楽づくり、鑑賞、共通事項に示された各項目について、それぞれ2学年ごとに横に見ていこう。そして違っている部分にアンダーラインを引いてみよう。

28 「指導計画の作成と内容の取扱い」について
～音楽授業に生かすために～

指導計画の作成と内容の取扱い

　学習指導要領の最後に「指導計画の作成と内容の取扱い」という項目がある。表現（歌唱、器楽、音楽づくり）と鑑賞の各領域について、具体的な内容を示したもので、とても大切なことが書いてある。

　指導案を立てるときに、学習指導要領を読む。その際には、各学年の目標や指導内容に目が行きがちである。しかし、「指導計画の作成と内容の取扱い」を読むことによって各学年に示された指導内容について、どのように指導するのか、またどの楽器を用いるかがわかる。例えばなぜリコーダーは3年生から指導するのかとか、小学校で教える音楽記号にはどんなものがあるのか、などがここに示されている。

指導計画を考える前に

　この節のタイトルが「指導計画の作成と内容の取扱い」なので、指導計画を立てるのでなければ関係ない、と思う人がいるかもしれない。指導計画というと年間指導計画と捉えがちだが、指導案を書くときにも指導計画の項目がある。つまり、指導案を考えるときにも、この節を参考にするとよい考えが浮かんでくるだろう。指導計画は、教科書会社が作成した指導書にも載っているが、これはベテランの音楽教師や大学の音楽教育の専門家が集まってつくったものなので、新人がそのとおりやろうとすると時間どおりに終わることは難しい。また、計画は地域や子どもの実態、学校の個性（伝統）などによって変わってくるので、自分の教える子どもたちを頭に思い浮かべながら考えるのがよいだろう。その際に、次の点に留意するように述べられている。

（1）〔共通事項〕の重視

　共通事項は「ア　音楽を形づくっている要素」と「イ　音符、休符、記号や音楽に関わる用語」の二つからできている。このうちアは「(ｱ)音楽を特徴づけている要素」と「(ｲ)音楽の仕組み」に分かれている。例えば(ｲ)で「反復」という言葉がある。これをいきなり「音楽には反復という言葉があってね、同じ旋律がくり返し出てくることなんだよ」と教

えても、子どもはわからないだろう。中には「旋律ってなあに？」と聞く子どももいるに違いない。だから授業では、「反復」という言葉を教えることを目的とするのではなく、実際に曲を聴いて「同じふしが何度も出てくるね」と気づかせた後に、「これを反復というんだよ」と指導する方が、実際の音と関わらせて理解できる。

同じように、ト音記号、ヘ音記号、四分音符、八分音符をカードに書き、「これをト音記号といいます」「これを四分音符といいます」といってもきっと覚えられないだろう。

その場合は、例えば黒板に五線を書き（「五線」もイに入っている）、下から2番目の線の上に四分音符を書いて、「この音は何の音でしょう」と聞くとよい（譜例1）。ピアノを習っている子は手を挙げて「ソです」と言うだろう。そこで「同じ人」と聞くとバラバラと手が上がるはずだ。

さらに「ほんとかな？」とだめ押しをすると何人かは不安な顔になってくる。そのうち「ト音記号がない」と言う子どもが出てくるかもしれない。出てきたら「よく気がついたね」とほめる。意見が出てこなければ「じゃあ、こう書いたらどうなるかな」といって、ヘ音記号を書く（譜例2）。ここでほとんどの子どもが「あー」と気がつく。

「そう、五線に音符を書くだけではダメなんです。ト音記号を書かないと、この音がソにはなりません。ヘ音記号だとシになっちゃうね」と説明することで、ト音記号の大切さがわかってくる（譜例3）。

この授業で、ふだん音楽の苦手な子どもは手を挙げないかもしれない。その場合は「よく引っかからなかったね」とほめる。たとえ正解がわからなかったとしても、引っかからなかったと言うところをほめるのである。もしかすると、自信がなかっただけかもしれない。それでも慎重に考えていたことをほめるとよい。このようにピアノを習っている子どもが間違えて、音楽の苦手な子どもが間違えないという状況をつくると、苦手な子どもに対する周りの子どもの目が変わってくる。

以上述べてきたように〔共通事項〕の指導は、実際に音を通して理解させることが次の学習へとつながる。

(2) 柔軟な学習形態

小学校は日本中にあるので、大都市の学校もあれば、山間部の学校もある。山間部では一学級あたり8人というところもある。そのような状況の中で合唱や合奏をするのは難しい。学校によっては2学年合わせて人数を確保して行っているところもあると聞く。指導要領に「学校や児童の実態等に応じて、合唱や合奏、重唱や重奏などの表現形態を選んで学習」とあるのは、合唱ではなく、重唱で歌ってもよいと言うことであ

る。学習指導要領A表現（1）歌唱のエでは「各声部の歌声や全体の響き、伴奏を聴いて、声を合わせて歌うこと」とある。つまり、合唱も重唱も声と声との重なりから生まれるものであり、この「音の重なり」を感じ取ることが指導内容となるからである。

なお、最近の教科書はその点も踏まえて少人数でも演奏可能な楽譜を掲載しているので使いやすくなっているといえるだろう。

（3）国歌《君が代》

《君が代》[注2]を歌うことについては、学校の中でもいろんな意見を持つ先生がいる。しかし日本の国で教育する以上、自分の国の歌を歌えることは大切なことである。サッカーの試合やオリンピックなどで国歌が演奏されるとき、選手は胸に手を当てたり、観客は全員起立したりしている。それが国歌に対するマナーであり、国際規範である。国際社会に生きる日本人としては、自分の国の国歌を知り歌えるようにしておくことは、外国人からみれば当然の姿である。

（4）他教科・領域との関連

特に低学年では、生活科などとの関連が求められている。例えば生活科で「学校たんけん」（1年）や「町たんけん」（2年）の活動がある。これは自分を取り巻く環境への空間認識や自然・人との関わりを目的としている。この場合例えば「1階の奥へ行くと給食室があるぞ」とか「運動場の隅へ行くと森があるぞ」というように、探検の後帰ってきて地図をつくる活動がある。このとき「そこでどんな音が聞こえたの？」と問いかけると音楽科とのつながりができてくる。それをオノマトペで表し、地図に書き込むのである。そうするといろいろな音の種類があることに気づくことができる。ちなみに教育出版の2年生の音楽教科書では「音のスケッチ」として取り上げられている。

音楽は音でできている。そして音の存在に気づくこともまた大切な学習である。このような身のまわりの音は、中学校の音楽では環境音や自然音として扱われる。

一方、道徳との関連は、学校におけるすべての教育は道徳教育であるという考えに起源がある。小学校学習指導要領では、「道徳教育の目標は、第1章総則の第1の2に示すところにより、学校の教育活動全体を通じて、道徳的な心情、判断力、実践意欲と態度などの道徳性を養うこととする」としている。「第1章総則の第1の2」とは次の文である。「学校における道徳教育は、道徳の時間を要として学校の教育活動全体を通じて行うものであり、道徳の時間はもとより、各教科、外国語活動、総合的な学習の時間及び特別活動のそれぞれの特質に応じて、児童

【注2】《君が代》が正式に日本の国歌として法制化されたのは1999（平成11）年「国旗及び国歌に関する法律」である。なお、1893（明治26）年8月12日官報において「祝日大祭日歌詞竝樂譜」が告示されその冒頭に《君が代》が掲載されている。作曲者は林廣守となっているが、実際には林が奥好義らに君が代の歌詞を示し「これに作曲してみたらどうだ」と指示してつくられたものである。

の発達の段階を考慮して、適切な指導を行わなければならない」

したがって音楽の授業も道徳教育の一環なのである。

「では、道徳の時間は何のためにあるの？」という質問があるかもしれない。その答えは道徳の目標に示されている。「道徳の時間においては、以上の道徳教育の目標に基づき、各教科、外国語活動、総合的な学習の時間及び特別活動における道徳教育と密接な関連を図りながら、計画的、発展的な指導によってこれを補充、深化、統合し、道徳的価値の自覚及び自己の生き方についての考えを深め、道徳的実践力を育成するものとする」

つまり道徳の時間は「補充、深化、統合」するものであり、ふだんの音楽の授業においても道徳教育の側面を忘れてはいけませんよ、ということなのである。

ではどうすればよいのだろうか。

道徳では「自分自身」「他の人との関わり」「自然や崇高なものとの関わり」「集団や社会との関わり」の四つが各学年の学習内容となっている（2学年ずつまとめて示されている）。

「集団や社会との関わり」の中には「郷土の文化や生活」（1・2年）、「我が国の伝統と文化」（3・4年）、「外国の人々や文化」（5・6年）が含まれている。これらは音楽との関係では、わらべうたや民謡、雅楽、外国の歌などとの関わりがある。平成20年の学習指導要領改訂では、これまで5年生で学習していた民謡や郷土の音楽は、3年生から学習するようになった。また5年生からは、諸民族の音楽を聴いたり歌ったりするようになった。これは道徳の内容と連動していると言える。

また、『小学校学習指導要領解説 道徳編』では、音楽科との関わりとして歌唱共通教材を取り上げ、「我が国の伝統や文化、自然や四季の美しさや、夢や希望をもって生きることの大切さなどを含んでおり、道徳的心情の育成に資するものである」[注3]と述べている。

さらに音楽科そのものが目標とする「豊かな情操」は、道徳性の基盤を養うとし、同時に「音楽を愛好する心情」や「音楽に対する感性」について、「美しいものや崇高なものを尊重する心につながる」としている。

【注3】文部科学省編（2008）『小学校学習指導要領解説 道徳編』東洋館出版社 p.101

考えてみよう・やってみよう

次の記号の名前と意味を説明してみよう。

(1) ♩＝60　(2) 　(3) 　(4)

29 音楽の授業の組み立て方
～45分をどう乗り切るか～

授業の導入

　小学校の音楽の授業の開始時に「起立、礼」を声やピアノ（Ⅰ→V₇
→Ⅰの和音）で行ったり、音楽係やその日の当番の子どもを前に出させ
て挨拶したりすることを経験してきた人は多いだろう。

　しかし、授業を始めるとき、子どもが騒いでなかなか授業が始められ
ないことがある。そんなときに子どもを静かにさせる方法はいくつもあ
る。例えば教師が前に立ってジーッと黙っているのは、小学生のときに
経験したことがあるだろう。もちろん「静かに‼」「始めるよ！」と注
意するのも一つの方法だろうが、それでは全員が静かになるまで時間が
無駄に過ぎていく。また、もともと静かに待っている子どもは「私はち
ゃんと待っているのに」と不満顔になる。さらにこのことで教師が子ど
もを叱り始めると「私はちゃんとしているのに何で叱られんならんの」
と考える。こうして授業のスタート時からだれていく。

　音楽の場合は、いきなり音楽をかけて歌ったりリコーダーを吹いたり
するのがよい。

　例えば前の時間に学習した曲やクラスの愛唱曲をCDで流す。そうす
ると子どもたちは歌い始める。中には慌てて教科書を開く子どももい
る。リコーダーの場合は、伴奏CDを流す。リコーダーをまだ出してい
ない子どもがいてもかまわず進める。そうすると子どもたちは慌ててリ
コーダーを袋から出し吹き始める。

　ここでのポイントは「いきなり始める」「全員そろうまで待たない」
ということである。

　曲が終わる頃には全員が歌ったりリコーダーを吹いたりしている。そ
こで「おはようございます。では始めます」と授業を始めるとよい。教
師が子どもを叱らなくても授業にスムーズに入っていける。

個人練習について

　歌ったり、リコーダーを吹いたりするとき、個人練習の時間が必要な
ことがある。特にリコーダーは指使いになれるため一定の時間個人練習

が必要である。

（1）個人練習は3分が限度

　では、個人練習は何分間くらいが妥当だろうか。

　筆者の経験では3分が限度である。

　すらすら吹ける子どもは何回もくり返して吹いていると次第に飽きてくる。一方、なかなか吹けない子どもは、最初は一生懸命練習するが、だんだん疲れてきて集中力が切れてくる。また、どうしても吹けない場合には投げ出して他のことを始める（岐阜県ではこれを「他事（ほかごと）」という）。その境目が3分である。

　中には、個人練習の時間を5分設定し、なかなか吹けない子どもへの指導をしようと考える人がいるかもしれない。その場合は3分でいったん区切る。そして「吹けるようになったかな。一度みんなで吹いてみよう」と言って全員で吹く。その後「まだもうちょっと練習したい人いるかな？」と問いかけて「じゃあ、あと2分ね」と言って練習を再開するとよい。

　ここではいったん個人練習を止めて全体で吹くことにより、自分の進行状況を自覚させることがポイントである。全体で吹くことによって自分の弱点がわかり、そこを練習しなくてはと思わせるのである。

（2）よく間違えるところだけ練習する

　個人練習の時間では、間違えると、曲の最初から吹き始める子どもがいる。その子どもが吹けない部分は3段目の後半なのに、1段目の1小節目から吹き始めるのである。

　練習のときに「自分がよく間違えるところだけくり返して練習しましょう」と指示しておくことが必要である。赤鉛筆でよく間違えるところをマルで囲ませるのもよい。

（3）細分化する

　なかなか吹けない場合には、フレーズを区切って練習することも必要である。例えば《ハローサミング》（橋本龍雄作曲　楽譜はp.60参照）で低いミから高いミへのサミングがうまくいかない子どもには、最初の「ソラミーミーレレード」と吹かせるのでなく、「ミーミ」だけを取り出してくり返して練習させる。そしてこれができるようになれば、「ソラミーミ」だけ練習させる。「ラ」から「ミ」へは左手の薬指と右手の人さし指、中指の3本を同時にリコーダーの穴にふさがなくてはならない。これが難しい子どももいる。したがって、リコーダーの指の動作を分解し、子どもがどこにつまずいているのかを調べて、その部分をくり返し練習するように子どもに働きかけていく。リコーダーの苦手な子どもの

中には、指の連係動作がうまくいかないことが原因である場合が多いからである。

このことは鍵盤ハーモニカや木琴、鉄琴の練習でも応用できる。

いわゆる「中間発表」について

歌唱、器楽、創作の授業でグループごとに工夫をする活動がよく行われる。その場合に、ある程度表現がまとまってきた段階で「中間発表」をし、友達の発表を聴く場を設けることがある。

中間発表のよさは、予め「次の時間に中間発表をするよ」と知らせておくことで締め切り意識が生まれ、「それまでに何とかしなくちゃ」という気持ちが働き、ある程度作業が進むことである。

さて、「中間発表」になると、「よかったところを教えてあげましょう」と言って友達の演奏を聴かせる。中には発表前に、演奏するグループに「工夫したところは〜です」といって、聴く視点を聴き手に伝えておく場合もある。これは自分の表現が相手にどう伝わっているかを知ることができるという利点がある。また、自分たちのやり方がわからないときに、他のグループの方法を参考にするという利点もある。

しかし、表現活動の途中で中間発表をする本当の意義は、自分たちの現在の状態がどうなっているのかを知ることにある。自分たちが演奏しているときは、自分たちの音を客観的に聞くことができない。したがってグループ全員の音が合わさってどんな音になっているのか、全体の音のバランスがどうなっているのかわからない。自分たちが演奏しているときに、天井から見ている目がほしいということを伝えておく。

従来は発表のときにビデオカメラで撮影してテレビに映すということをやっていた。それはかなり面倒な作業であったが、最近はタブレットの普及によってこのことが容易になってきている。自分たちの演奏を撮影し、その場で聴くことによって、今自分たちはどのような音を出しているのか、それが表現したいイメージと合っているのかどうかが瞬時にわかるのである。子どもたちはタブレットの操作を覚えるのも早い。

こうして、途中で一度自分たちの演奏を録画して振り返ることにより、最終時に向けてどのように工夫していこうかという見通しをもつことができるのである。

ワークシートについて

ワークシートには、授業の最初で使う場合、途中で使う場合、終わりで使う場合とそれぞれ用途が異なる。以下は、その際の例である。

（1）授業の最初で使う場合

　これからグループで表現の工夫をするというときに、「どのようなイメージにするのか」を話し合い、それをメモする。しかし、範唱を聴いて「どんな感じがするのか」という書き方はあまりその後の活動に生きてこない。それは話し合うだけで十分である。

（2）授業の途中で使う場合

　グループや個人で歌う活動をしているときに、楽譜に強弱や速度などの注意点を書き込み、あわせて「○○のように歌いたい」などとイメージを記入する。

　ここでは自分の考えていることを文字化することで、イメージを自覚するということが期待できる。いろいろ考えてもイメージが鮮明にならないときには、ワークシートに書き込むことが有効である。また、低学年では文字ではなく、絵を描くという方法もある。ただし、絵を描くことに時間が取られすぎないように注意する必要がある。

（3）授業の終わりで使う場合

　今日の活動を振り返って「◎・○・△」で自己評価し、その内容を文章で書いたり、「今日の学習で工夫したこと」を書いたりする。

　授業終了時のワークシートの役割には、①次の授業で思い出すためのメモ、②その時間の達成状況の評価、の二つの側面がある。①の場合には次の授業時間まで預かっておき、授業開始時に返却することで、前の時間の進行状況を思い出すことができる。さらにこのとき、教師が一人ひとりの状況を把握しておくことで、次の授業の際の助言ができたり、観察による達成状況の評価ができたりする。また②の場合は、教師はそれぞれの子どもの活動の様子を思い出し、ワークシートと比較しつつ、活動と記述内容とが一致しているかをみる。それが評価につながる。

考えてみよう・やってみよう

　子どもが騒がしいときに静かにさせる方法を五つ挙げてみよう。

30 歌唱指導の方法(1)
〜指導内容を明確にした歌唱の授業を〜

歌唱指導の問題点

　音楽科の指導において歌唱は大きな位置を占めている。実習生の研究授業でも取り上げる題材は歌唱が多い。また、学校として合唱指導に力を入れる学校もある。

　これほどまでに重視される歌唱指導であるが、実際の指導では発声法や美しい響きなどと技術的な側面が重視される傾向にある。しかし、1年生から6年生まで、また教材曲が変わるたびに、いつも「頭のてっぺんから声を出して！」とか「お腹から声を出すんだよ」などと同じことを言っているようでは、子どもに音楽科の学力が身についたとは言えない。例えば小学校1年生で《うみ》を歌い、小学校4年生で《とんび》を歌う。そしてまた6年生では《ふるさと》を歌う。このように、各学年必ず歌唱教材があり、それらを歌っていることになる。学年が変わっても同じようにこれらの言葉をかけているようでは、指導したことが定着していないことになる。また、この指導に対して、「音程を正しく歌えていたか」「美しい発声で歌えていたか」という規準で評価していたとすれば、同じことを学年を変えて指導しているだけになってしまう。これでは何のために歌唱指導をするのかという視点が欠けているのではないかと言わざるを得ない。

歌唱指導の指導内容

　学習指導要領に示されている歌唱指導の指導内容はズバリ、次の4点である。

①耳コピー・目コピー　②表現の工夫　③発声法　④声のアンサンブル

　これらは学習指導要領の歌唱の項目で示されている指導内容ア、イ、ウ、エに相当する。以下それぞれについて説明していく。

①耳コピー・目コピー
　学習指導要領 A 表現（1）歌唱のアにおいてそれぞれ次のように記

されている。

　　1・2年　範唱を聴いて歌ったり、階名で模唱したり暗唱したりする
　　　　　　　こと
　　3・4年　範唱を聴いたり、ハ長調の楽譜を見たりして歌うこと
　　5・6年　範唱を聴いたり、ハ長調及びイ短調の楽譜を見たりして歌
　　　　　　　うこと

　それぞれ「範唱」という項目がある。範唱とは、教師やCDなど模範
となる演奏を聴いて歌うことである。つまり、楽譜を見るのではなく、
耳から聴いて歌うことが重視されている。耳コピーという所以はここに
ある。次いで、「階名で模唱したり暗唱したり」「楽譜を見たり」して歌
う。これは視覚を通して歌う活動である。階名で歌うためには教師が掲
示譜などで楽譜に階名を記し、指さしながら歌う活動が考えられるがこ
れも視覚を通した活動である。これは目コピーにあたる。

　重視したいのは「聴いて歌う」活動が、「見て歌う」活動よりも先に
来ていることである。このことはまず音を通して感覚的に捉えることが
優先されていると考えてよいだろう。

②表現の工夫

　表現の工夫は、（1）歌唱のイにおいて、例えば1・2年では「歌詞の
表す情景や気持ちを想像したり、楽曲の気分を感じ取ったりし、思いを
もって歌うこと」と記されている。「歌詞の表す情景や気持ち」は曲想
と呼ばれる。この言葉は3年生以降に出てくる。また「思いをもって歌
う」は、3年生以降では「思いや意図をもって歌う」となる。

　したがって、曲想を感じ取りそのイメージにふさわしい歌い方を工夫
することが求められる。そのためのキーワードが「知覚・感受」[注1]で
ある。

　われわれがある音楽を聴いたとき、頭の中にイメージが浮かぶことが
多い。それは過去にテレビで見たドラマで使われていた音楽であればそ
の場面が、また直接聴いた音楽であればそのときの情景が思い起こされ
るだろう。例えば《ギャロップ》（カバレフスキー作曲の組曲《道化師》第2
曲）を聴くとほとんどの人は運動会のリレーや玉転がしを思い出す。し
かし開会式の様子を思い起こす人は少ないだろう。これは《ギャロッ
プ》の持っているテンポや音色が走っている場面を思い起こさせるから
である。このとき、《ギャロップ》を構成しているテンポや音色は聴覚
を通して脳に伝わる。これが「知覚」である。脳で知覚されたテンポや
音色は、過去の経験と結びついて映像としてのイメージをつくり出す。
これが「感受」である。したがって「知覚」と「感受」は一体化された

【注1】「知覚・感受」につい
ては日本学校音楽教育実践学
会編（2006）『生成を原理とす
る21世紀音楽カリキュラム』
東京書籍または、同学会編
（2012）『音楽科カリキュラム
と授業実践の国際比較』音楽
之友社が詳しい。

ものであるため「知覚・感受」と表記する。

　さて、この逆のケースを考えてみよう。頭の中に表現したいイメージがある。それは歌詞を通して形づくられたものである。この歌詞には旋律がついているが、その中で自分が表現したいように工夫する場合、音楽を特徴づけている要素を用いることができる。これらは〔共通事項〕に示されている。例えばアの(ア)は、1・2年では「音色、リズム、速度、旋律、強弱、拍の流れやフレーズなど」であり、3・4年ではこれに「音の重なり」と「音階や調」が加わる。さらに5・6年では「和声の響き」が加わる。

　これらの中で比較的よく用いられるのは「強弱」と「速度」である。例えば《ふじ山》を歌うときに、どこを強く歌いたいか、それはなぜなのかを考えることになる。そうすると「富士山は日本一高い山だからその高さを想像して『ふーじは』のところを一番強く歌おう。そのためには『かみなりさまを』からだんだん強く歌っていこう」と考えた子どもは、そのイメージを音に表すために何度も歌って練習する。そして自分のイメージに近づけていこうとする。ここでは〔共通事項〕イの記号、クレッシェンドも学ぶことになる。

　したがって、この学習では「強弱」を指導事項とすることができる。その場合、「イメージと結びつけてどのように強弱を工夫して表現しようとしたのか」が評価の対象とならなくてはならない。いわゆる「きれいな声」で歌っていることは評価の対象としなくてもよい。

　もちろん結果として「きれいな声」で歌う方がいい。そのためには次の③の観点が必要となる。

③発声法

　低学年の児童は「大きな声で歌って」というと、のどを振り絞って歌うことがある。それは歌うと言うよりも叫ぶに近い。そこで、のどに負担をかけずに歌うことが必要となってくる。

　ただし、民謡やわらべうたなどの日本の伝統的な楽曲の歌い方と、西洋音楽に基づく楽曲とでは発声法が異なる。

　例えば《ソーラン節》（北海道民謡）は日本の伝統的な歌い方で歌う方が力強く聞こえる。それはこの歌がニシンを獲るときの労働歌から出発しているためである。この曲をもし西洋音楽の歌い方で歌うとニシンは逃げてしまうだろう。足に力が入らず網をしっかり持つことができないからである。

　一方《ふるさと》（文部省唱歌）を日本の伝統的な歌い方で歌うのも、曲想を表現した歌い方とは言いがたい。それが学習指導要領（1）歌唱

のウで示された「呼吸及び発音の仕方を工夫して、自然で無理のない、響きのある歌い方で歌うこと」（5・6年）である。1・2年では「自分の歌声及び発音に気をつけて歌うこと」となっており、まず自分の声の出し方に気づくようになっている。このとき怒鳴ったり、極端に小さな声で歌ったりするのは音楽を表現するために適していないことに気づかせたい。

④声のアンサンブル

　声のアンサンブルとは、声と楽器、または声と声同士を合わせることである。例えばピアノ伴奏に合わせて歌うことも含める。また、輪唱やパートナーソング[注2]、合唱もアンサンブルである。小学校学習指導要領 A 表現（1）のエではこの指導内容が示されている。

　1・2年生では「互いの歌声や伴奏を聴いて、声を合わせて歌うこと」となっている。これにはピアノや CD の伴奏に合わせて歌うことだけでなく、伴奏なしで輪唱やパートナーソングを歌うことも含まれる。要は、自分が歌っているときに、他の音が聞こえてきてその音と合わせると気持ちいいなと感じることが大切なのである。

　3・4年生になると、「互いの歌声や副次的な旋律、伴奏を聴いて」となり、合唱の導入となる。そのためには、例えば《もみじ》のように最初は輪唱のようにずれて歌い始め、途中から二部合唱になっていくような教材は導入に適しているといえる。また教育芸術社の教科書には《パレードホッホー》という教材曲があるが、この曲は最初は a の部分を歌い、次に b の部分を歌う。そしてその次には a と b とを重ねて歌うという構成となっている。ここまでの学習はすべて、声と声とが重なると美しい響きができるということを感じ取り、表現できるようにすることが指導内容である。

　5・6年生では、「各声部の歌声や全体の響き、伴奏を聴いて、声を合わせて歌う」となっている。これは4年生までで学んだ「重なり」をもとに、さらに進んだ段階へ合唱を進めることになる。「各声部」とあるのは、2声部であれば二部合唱、3声部であれば三部合唱となるため、様々な合唱曲を扱うことが可能となる。しかしクラスの学級人数によっては三部合唱をすることが困難な場合もある。また音取りをするのが難しい子どももいるだろう。したがって学校や児童の実態に応じて選曲することが必要である。ただし、ここでの指導内容は「重なり」が中心となるので、徒に演奏効果を求めて三部合唱をするよりも、子どもが声と声や、声と楽器が重なると美しい響きができると感じ取ることができれば指導内容は達成したも同然である。

【注2】パートナーソングとは、二つの異なった楽曲を同時に歌いハモることができるものをいう。例えば《どんぐりころころ》と《夕焼け小焼け》など。
パートナーソングの楽譜としては、富澤裕（2002）『たのしいパートナーソング』教育芸術社が役に立つ。

第2章　音楽授業の基本を学ぶ　　107

歌唱指導の評価をどうするか

　すでに述べてきたとおり、歌唱指導の評価はいわゆる上手に歌えることが規準になるとは限らない。学習指導要領のア、イ、ウ、エのどこに指導の目標を置くかで評価の規準は変わってくる。例えばイを目標とするのであれば、「イメージを強弱や速度を用いて表現の工夫をしているか」が評価規準となる。一方、ウを目標にするのであれば、「曲想を生かして発声に気をつけて歌うことができているか」が評価規準となる。「あの子は歌がうまいから」という理由で、いつも同じ子どもが高い評価を得ることは、他の子どもにあきらめを生むことになる。どの子どもも「がんばれば苦手な歌でもいい評価をもらえた」と思えるような音楽の授業を構成してほしい。

　　┏━━**考えてみよう・やってみよう**━━━━━━━┓

　国立教育政策研究所のホームページから「評価規準の作成のための参考資料（小学校　音楽）」をダウンロードし、p.138〜139の【「A 表現・歌唱」の評価規準に盛り込むべき事項】及び【「A 表現・歌唱」の評価規準の設定例】事例を見てみよう。その中で、「音楽への関心・意欲・態度」「音楽表現の創意工夫」「音楽表現の技能」がどのように違うのか考えてみよう。

31 歌唱指導の方法(2)
～ピアノが弾けなくても音楽の指導はできる～

音楽の指導が苦手な先生

　小学校の教師は全教科担任が前提である。学校によっては専科の先生が就くところもあるかもしれないが、低学年は学級担任が担当することが多い。

　しかし、学生にとって音楽の指導は二の足を踏むことが多い。なぜならばピアノを弾かなくてはならない、上手に歌わなくてはならないという意識があるからだ。そのように思っている学生がカラオケではプロの歌手並みの歌い方をしたり、効果的にマラカスを入れたりするのだから不思議なものである。

　実のところ、音楽の授業でピアノが弾けるかどうかは大きな問題ではない。実際、中学・高校のコーラス部や吹奏楽部で全国大会に出るような学校の指導者は、ピアノが達者に弾ける人たちばかりではない。さらに言えば、音楽の教師ばかりでなく、国語や理科など他教科の教師もいる。もちろん弾けないよりは弾ける方がよいのだが、それは指導方法の選択肢が増えるという意味でしかない。

　音楽の教科書には必ず教科書会社の発行する指導書があり、それには伴奏用 CD が付いている。これを利用すると効果的な授業を行うことができる。

ピアノ伴奏と CD 伴奏の長所・短所

　では音楽の授業をするときにピアノで伴奏するのと CD を用いるのとではどのような違いがあるのだろうか。実はピアノ伴奏の長所は CD の短所であり、CD の長所はピアノ伴奏の短所である。

（1）ピアノの長所・CD の短所
①部分練習がしやすい

　　例えば《ふじ山》の3段目、「かみなりさまを下にきく」の部分から練習したい場合は、すぐにその部分から弾き始めることができる。歌の途中からでも伴奏できるのは長所である。CD では練習したい部

第2章　音楽授業の基本を学ぶ　　109

分からの頭出しが難しい。

②移調して弾くことができる

　歌う曲の音域が子どもにとって少し低い場合、1音キーをあげてハ長調をニ長調で弾くことができる。また子どもにとって少し高い場合には1音キーをあげてト長調をヘ長調で弾くことができる。

③曲のテンポを変化できる

　ゆっくり歌うときにはテンポを遅くし、少し早めに歌うときにはテンポを早くできる。このようにテンポをコントロールできるのはピアノの長所である。

（2）CDの長所・ピアノの短所

①子どもの様子をずっと観察できる

　伴奏はCDに任せ、教師は歌いにくい子どもの近くへ行って歌ったり、前で見本を示しながら歌ったりすることができる。

　ピアノ伴奏の場合は暗譜していれば別だが、楽譜を見たり鍵盤の位置を確かめたりすることで、子どもから視線が外れることがある。

　常に子どもとアイコンタクトを取りながら指導できるのはCDの大きな長所である。

②オーケストラ伴奏がある

　いつもピアノで同じように弾いていると、「またか」と思われることもある。そのようなときピアノ伴奏からオーケストラ伴奏に代えると新たな気分で歌うことができる。

③範奏ができる

　教師が歌う自信がなくても、CDに歌が入っているのでそれを聞かせることができる。

　それぞれ長所・短所がある。ピアノ伴奏が苦手な先生が緊張しながら弾いてミスタッチをしたり、途中で止まったりしては元も子もない。また、楽譜と首っ引きでは、子どもの歌っている様子を見ることもできない。さらに、がんばって練習し、弾けるようになっても、その頃には次の題材に変わってしまい、成果を生かし切れないこともある。もちろん、次の曲に変わっても、時間の最初に既習曲として歌うことは大切なことなのでそのときにピアノ伴奏をしてもよい。

伴奏用CDの使い方

　伴奏用CDは、1曲につき普通4種類収納されている。歌唱入りピアノ伴奏、歌唱入りオーケストラ伴奏、歌唱なしピアノ伴奏（いわゆるカ

ラピアノ）、歌唱なしオーケストラ伴奏（いわゆるカラオケ）である。
この4種類を組み合わせることで、変化のある指導を行うことができる。

　例えば《こいのぼり》を例に取ってみよう。

　この歌は知らない学生が多い。中には「屋根より高いこいのぼり」と
歌い出す学生もいる。こちらの方は幼稚園で歌っている経験がある場合
である。そこでまずこの曲がどんな曲か知らせるためにCDを用いる。
使うのはピアノ・バージョンでもオーケストラ・バージョンでもよい。
ただし歌入りを用いる。筆者のおすすめはピアノ・バージョンである。
オーケストラ・バージョンは前奏が長いことが多く、歌い出しまでに時
間がかかるからだ。

　このあとは次の手順で行う。

①最初は1番から3番まで聴かせる。

②次にもう一度CDをかける。

　「この歌、知っている人」と聴き、「いっしょに歌える人は歌ってみ
よう」と投げかける。また「歌えるところだけ歌ってもいいよ」と言
った後、「まだ聴いていたい人は聴いていてもいいよ」とつけ加え、
全部歌えなくてもよいことや今回は歌わなくてもよいことを知らせ、
子どもたちが安心できるようにする。

③1番だけ歌う。

　「今度は1番だけ歌ってみよう」

　「歌える部分だけでもいいよ」と言って安心させる。

④立って1番を歌う。

　「今度は立ちます」

　「1番を歌います。歌い終わったら座りましょう」

　ここまでで《こいのぼり》を4回聴いたことになる。

⑤歌のないCD（カラピアノ）で歌う。

　「今度は歌の入ってない伴奏で歌えるかな」と問いかける。たいて
い「歌える〜」というのは男子である。子どもの実態にもよるが「で
きるかな〜」と挑発して歌わせることもできる。

　ここまでが全体練習である。①から⑤までで重要なことは、それぞれ
歌い終わるたびにほめることである。しかも単に「いいね」ではなく、
「さっきよりも歌詞を覚えてきたね」とか「しっかり声が出せるように
なってきたね」と具体的にほめる。「た〜かく、のところがきれいに歌
えているね」とポイントを絞ってほめるのもよい。

　実際に指導してみると「いらかのなみと」の付点リズムが取れていな

第2章 音楽授業の基本を学ぶ　111

かったり、音程が少し低かったりする子どももいるが、そうしたことはその都度取り上げて指導せず、まずひととおり通して曲に慣れることを目的とした方がよい。音楽の得意な先生は歌い出しと同時に、演奏を止めて「はい、ストップ。伴奏をよく聴いて出だしをちゃんと合わせましょう」と言ったり、「い〜ら〜か〜の、のところは付点リズムなので弾むように歌いましょう」と少しずつ細かく指導しがちであるが、それは後からでもかまわない。

このように子どもが曲に慣れ、ほとんど歌詞を見なくても歌えるようになって初めて次の段階、例えば曲想の工夫などの学習をすることができるようになる。

また、何度も CD を用いていると「また CD ？」という子どもも出てくる。そんなときには「じゃあ少しパターンを変えてみるよ」と言ってオーケストラ・バージョンの伴奏を用いる。この場合、歌入り、カラオケの双方を使い分ける。

ピアノ伴奏を子どもにさせる愚について

教師が弾けなければ、ピアノが弾ける子どもに弾かせればよいと考える人がいるかもしれない。

筆者が学生に、小学校や中学校の音楽の時間に伴奏したことがあるかと聞いたところ、音楽科の学生では半数以上が手を挙げた。続いて音楽の成績がよかったかどうか聞いたところ、「5か4だった」という学生ばかりだった。音楽科以外の学生でも、伴奏をした学生はほとんどよい評価を得ていた。しかし音楽の評価は、指導したことに対する評価である。ピアノを弾くことではなく、歌ったり、歌い方を工夫したりすることが評価の対象となるのである。さらに言えば、ピアノが弾ける子どもは、個人レッスンなどで習っている。これを評価するのは、学校外で学んだことを学校の指導で評価していることになる。

ずっとピアノ伴奏を任されてきた学生は「私も歌いたかった」と言っていた。歌いたい生徒もいることを忘れないようにしていただきたい。

考えてみよう・やってみよう

歌唱の授業で最初に用いるのはピアノ伴奏入りとオーケストラ伴奏入りのどちらがよいと思いますか。その理由も考え、グループで話し合ってみましょう。

32 ストロー笛で楽器の原理を学び 鑑賞学習へ
～楽器づくりから音色の理解へ～

手づくり楽器

　小学校の音楽の授業で楽器をつくることがある。これらは「手づくり楽器」と呼ばれている。例えば少し前の2年生の教科書では《虫の声》を学習するときに「チンチロ　チンチロ　チンチロリン」を「○○虫の鳴き声をつくろう」と題して、手づくり楽器をつくっていた。その例としてはマヨネーズやペットボトルの中に豆や小石を入れて振るなどの挿絵が描かれていた。

　この授業の問題点は二つある。

　まず、この授業が音楽づくり（創作）であれば手づくり楽器をつくることは目標を達成する上で有効である。しかし歌唱の授業であれば、手づくり楽器をつくることははっきり言って意味がない。なぜならば歌唱の授業では、情景をイメージして歌うことが目標となるため、手づくり楽器をつくる必然性に乏しいのである。

　二つ目の問題点は、この活動では「振る」「打つ」という打楽器の奏法がほとんどであり、その他の奏法は子どもの側からはなかなか出てこないからである。その理由は子どもの周りにある物を使うと、振ったり打ったりすることで音が出るからである。音楽室にはカスタネットやウッドブロックなどの楽器があるのだからそれを使えばよいのである。

　そういった欠点が明らかになってきたせいか、現在使われている教科書には手づくり楽器の項目はない。しかし手づくり楽器にはもっと他に教育的な側面がある。なくしてしまうのは惜しい。本節ではその点について考えてみよう。

ストロー笛をつくろう

　小学校で使用する楽器で一番頻度の高いものはリコーダーである。リコーダーは、筒に息を吹き込んで鳴らす気鳴楽器である。他には日本では尺八、ペルーではケーナ、そして西洋ではクラリネットやオーボエなど、この発音原理によるものは世界中に分布している。

　そこで本章では材料が手に入れやすく、しかも安価に製作できるスト

第2章 音楽授業の基本を学ぶ　113

ロー笛で笛の原理を知ることにしよう。

　準備するもの：ストロー（1本、口径6〜8mm）、はさみ、B4の紙（1枚）、ラップの芯、カッターナイフ

図1

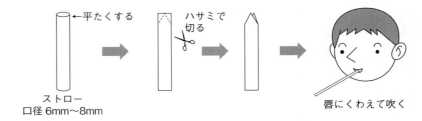

○息を吹き込み、鳴るかどうかを確かめる
　切った側をくわえ、息を吹き込む。この際、少し唇で巻き込むようにするとよいが、空気の通り道をふさがないように気をつける。また、歯でストローを嚙まないようにする。
○ストロー笛で遊ぶ
　試し吹きをくり返していると、だんだん息の吹き込み方やストローをくわえるときの力の入れ具合などのコツが体得できるようになってくる。次のポイントをチェックするとよい。
・ストローをくわえるときに力を入れすぎていないか。
・口の中の2枚のリードに息を入れるときに、口腔の真ん中付近に意識を集中して吹き込む。

［音色の違いに気づく1］
はさみでストロー笛の先から順に少しずつ切っていく

図2

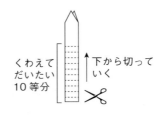

[音色の違いに気づく2]
紙（B4）を巻いてメガホンをつくる。細い方にストロー笛を入れ、吹く。

図3

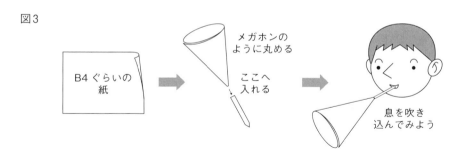

[音色の違いに気づく3]
ラップの芯に穴を空け、ストロー笛を入れ、吹く。

図4

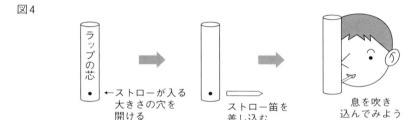

楽器の発音原理

　ストロー笛には、とがった部分が二つできる。これはリードと呼ばれている。息を吹き込むことで震えて音が鳴る。篳篥（ひちりき）やオーボエ、ファゴットも同じ発音原理である。

第２章　音楽授業の基本を学ぶ　　115

【注】ホルンボステルとザックスの楽器分類法。ウィキペディア「楽器分類法」も参照のこと。

リコーダーは、筒に息を吹き込んで鳴らす気鳴楽器である。リードがないかわりに、空気の通り道ができていて息を吹き込めば音が出る仕組みになっている[注]。ストロー笛を短く切っていくと音は高くなる。しかし、もう一度低くはできない。このことから笛には胴体に穴が空いている理由が理解できるだろう。穴をふさぐことによって音を高くしたり低くしたり調節できるのである。したがってリコーダーで指穴を全部押さえ、吹きながら順に離していくと、音は高くなる。その逆は、音は低くなる。［音色の違いに気づく1］

一方、ストロー笛の先に紙を巻くと音量は大きくなる。これはメガホンを使うと遠くまで音が届くのと同じ原理である。なぜ楽器の先が広がっているのか理解できるだろう。［音色の違いに気づく2］

また、メガホンのかわりにラップの芯にストロー笛を入れて吹いても音は大きくなる。これはファゴットと同じ原理である。［音色の違いに気づく3］

ペットボトルを吹いてみよう

鉛筆キャップやペットボトルの飲み口に唇を当て、息を吹き込んでみよう。そうすると息を吹き込む物の大きさによっていろいろな高さの音が鳴る。手に入れば栄養ドリンクやジュースの瓶の方が音は出しやすい。これは息が吹き口の入口で管の中に入る息と、管の外に出る息とに分かれるからであり、筒を縦に吹いたり、横に吹いたりして音を出す。縦に吹く場合には尺八やケーナなどの楽器となる。横に吹く場合には、管に穴を空けてそこから息を吹き込む。フルート、ピッコロなどはこの原理である。もちろん日本の伝統音楽では篠笛、龍笛、能管などが用いられるし、世界各地の民族楽器の横笛なども同じ原理である。

木管楽器と金管楽器

オーケストラを構成する楽器群に管楽器がある。管楽器は木管楽器と金管楽器とに分けられる。この両者を材質の違いによるものと思っている人は多い。違いは簡単である。「唇を震わせて音を出す楽器を金管楽器」といい、それ以外の管楽器をすべて木管楽器という。つまり、「金管楽器以外の管楽器を木管楽器」という。

［音色の違いに気づく3］で空けたストロー挿入用の穴を大きく広げ（口径約1.5〜2.0cm）、両手で横に持つ。芯の中心より左側に開口部が来るようにして、左手の掌で横の穴をふさぐ。そして空けた開口部に唇を充ててぶるぶると震わせてみると音が出る。このとき、このラップの

芯は金管楽器になったと言える。

なお、太い竹を使って同じように試してみるとブォーという低い音が出る。ただし竹の場合は節があるので、掌でふさぐ必要はない。これは竹ボラと呼ばれ、山伏が貝殻を吹いているような音になる。これも材質は竹だが、立派な金管楽器である。

図5

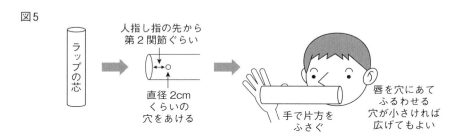

教科書で楽器と対応させる

教科書の最後の方のページには、楽器の種類の説明がある。教育出版の教科書では、3年生で木管楽器、4年生で金管楽器の説明がある。またオーケストラの説明もできる。

このようにして楽器の発音原理を学習した後、実際に鑑賞の学習を行う。ここでは「音色」が主な指導内容になる。

例えば次のような曲が扱われる。ここでは小学校低学年でも使えるように5分程度の曲を紹介する。

［木管楽器］
①オーボエ…………《ノルウェー舞曲》（グリーク）
②クラリネット………《クラリネットポルカ》（ポーランド民謡）
③フルート……………《シチリアーノ》（フォーレ）
④ファゴット…………《ピーターと狼》（プロコフィエフ）のおじいさんの部分
⑤リコーダー…………《リコーダー協奏曲》（ヴィヴァルディ）
［金管楽器］
①トランペット………《トランペット吹きの休日》（アンダーソン）

その他音色を指導内容とするのであれば、2020年の東京オリンピックとの関連で、1964年の《東京オリンピック ファンファーレ》を使ってもよい。約35秒。（パソコンで検索を）
②ホルン………………《ヴァイオリンとホルンのためのロマンス》（サン＝サーンス）

③トロンボーン………《バイエルンポルカ》（ローマン）

④チューバ……………《展覧会の絵》より「ビドロ」（ムソルグスキー）

⑤ユーフォニウム……《ファンタジー》（フンメル）

［指導法1］

　まず木管楽器どうし、または金管楽器どうしで音色を聞き比べる。

1）二つの楽器で音色を比べる。

2）部分的に聴かせる。音色を聴き比べることが主なねらいなので、そ
　れぞれ30秒ずつでよい（フレーズの切りのよいところで）。

3）それぞれの楽器の音色を聴いてどんな感じがしたのかを話し合う
　（発問例：「オーボエとフルートの二つの楽器の音色を比べて似ている
　ところ、違っているところを挙げましょう」）

4）挙手による発言を求める前に、ワークシートに記入させたり、隣どう
　しで話し合う時間をつくったりするとよい。

5）その後各々全曲通して聴いて、音色を味わうようにする。

［指導法2］

　次に木管楽器一つと金管楽器一つを比べる。

1）音域の似ている楽器を用いる（例：トランペットとフルート）。

2）一つ目と同様に木管楽器、金管楽器それぞれの音色の違いを味わう。

［評価］

　それぞれの楽器を聴き比べ、音色の違いが生み出すイメージを説明で
きるかどうかが評価のポイントとなる。この場合、言葉だけでなく、身
振り・手振りなど身体表現を使ってもよい。

［発展］

　聞き比べた二つの楽器のうち一つを使った曲を聴かせ、何の楽器か当
てさせる。このことで音色と楽器名とが知識として定着したことになる。
聴かせる曲は一部分、30秒程度にする。

> **考えてみよう・やってみよう**
>
> 　同じ大きさのペットボトル2本に水を入れ、吹いてみよう。水の量と
> 音の高低との関係について調べよう。

33 指導案の書き方
～教育実習で音楽の授業をするハメになったときの指導案の書き方～

指導案とは

　教育実習の期間は4週間が一般的であるが、1週間目の終わり頃から「どう？　そろそろ授業やってみる？」と言われる。そのときに指導案を書いてくるように指示される。

　指導案とは一言で言えば授業計画である。ポイントは二つある。

　一つはその時間に何をどこまで子どもに指導しようとするのかである。これを「本時の目標」という。第二に、本時の目標を達成するためにどのような手順で指導するのかという大まかなストーリーを示すことである。これを「本時の展開」という。

　そのためには指導しようとする教材を含めた全体計画を把握する必要がある。指導案づくりはここから始まる。

指導案の書き方

（1）指導案の形式

　指導案の項目はおおむね次のようになっている。学校によって順番の違いがあったり、いくつかをまとめて書いたりすることもあるので、特に定まった形式はない。ここにそれぞれの学校の独自性があるとも言える。

　①題材（単元）名・教材名　②題材設定の理由（題材観）

　③児童の実態（児童観）　④指導にあたって（指導観）

　⑤題材の目標　⑥指導計画　⑦本時の展開

> **考えてみよう・やってみよう**
>
> 　次ページの図に従って、指導案の7の部分「本時の指導」を書いてみよう。学年や教材は自由である。書けたら先生に見てもらおう。

第2章　音楽授業の基本を学ぶ　　119

4 年 1 組　音楽科学習指導案

日時：平成 29 年 1 月 17 日（火）第 4 校時

場所：G 市立 F 小学校　音楽室

指導教諭：○○　教諭

指導者：○○　　教生

「音楽科学習指導案」と書きセンタリングする。
右寄せで、①日時、②場所、③学級（第○学年○組（男子○名・女子　○名、計○名）、④指導教諭名（○○教諭）、⑤指導者（自分の名前を書く。名前の後に○○教生と書くこともある）

1　題材名　　「旋律の重なりを感じ取ろう」

教材名　　「ファランドール」（ビゼー作曲）

自分が指導する楽曲が教材である。題材名とはその教材がどのような力をつけるために配列されているかを示したものであり、教科書の目次や該当教材の左上を見ると書いていることが多い。

2　題材について（題材観）

「ファランドール」は「王の行進」の部分（A）と「馬のダンスの部分」（B）の二つからなり、最初はA、次いでBと演奏されるが・・・（略）

題材のもつ教育的価値を書く。この場合、学習指導要領のどの部分と対応しているのかを書くと指導内容が明確となる。例えば指導しようとしている内容は「重なり」なのか「リズム」なのかを題材名から読み取り、学習指導要領の当該学年の部分と対応させる。この場合、《ファランドール》はAとBの各旋律から構成されているが、演奏はA→B→AとBの短いフレーズが交互に出現→AとBが同時に重なって演奏される、という特質を持ち、「重なり」を学習するには適しているということが書ける。

3　児童の実態（児童観）

本学級の児童は旋律の特徴を感じ取ることについては 1 学期に「さくらさくら」などで学習している。しかし合唱の導入にあたって、二つの旋律を同時に聴き取ることについてはまだ十分ではない・・・（略）

指導するクラスの児童がこれまでにどんな学習をしてきたのか、そしてその結果としてどんな力が身についたのかを書く。次いでまだ十分力が付いていない点について書き、この題材でどのような児童の姿を期待するのかを書く。

4　指導にあたって（指導観）

本題材では、二つの旋律が重なることにより生み出される響きを味わわせることで・・・

そのためにそれぞれの旋律の特徴をつかむことができるように、腕を動かして旋律線をとらえたり、線で表したりして・・・（略）

（題材観）＋（児童観）＝（指導観）である。題材のもつ教育的価値と、子供に身につけさせたい力とをクロスさせたところに、具体的にどのような手順で指導していくのかという方法を考える必要が出てくる。例えば学習形態として集団学習なのか、グループ学習なのか、個人学習なのか、あるいは子どもの理解を助けるために拡大楽譜や ICT を用いるのか、など様々な方法が考えられる。それらを書いていく。特に十分理解していない子どもに対してどのような手立てを取るのかについても書くとよい。

5　題材の目標

○旋律が重なり合う響きを感じ取り、楽曲の構造に気をつけて聞くことができる。

○「ファランドール」の紹介文を書き、この曲のもつよさを友達に伝えることができる。

> 指導する題材全体で達成したい目標である。音楽科では題材目標には四つのカテゴリーがある。①関心・意欲、②音楽表現の創意工夫、③表現の技能、④鑑賞の能力、である。歌唱、器楽、音楽づくりでは①②③の三つ、鑑賞では①④の二つが題材目標となる。

6　題材指導計画

> 1で示した題材を何時間で指導するのかを示したものである。例えば3時間で指導するのであれば1時間目、2時間目、3時間目のそれぞれについて次の内容を示す。①各時間の目標、②学習活動、③評価規準からなる。

時	1	2　（本時）	3
本時の目標	「ファランドール」を聴きA、B 二つの部分からできていることに気付く。	「ファランドール」を聴き、楽曲の構成を理解し、A、Bの重なりを味わう。	
学習活動	1 「ファランドール」を聴く。 2 本時の学習課題を確認する。 （以下略） 3 4		
評価規準	「ファランドール」に関心をもって聴いている。		

> 各時間で達成したい目標を書く。

> 各時間の大まかな学習の流れを書く。大きなまとまりごとに番号をつける。ここは子どもの視点から書く。

> 各時間の目標に基づいて、それらの力が身についたかどうかを確認する視点である。本時の目標と一致させる。

※学校によっては次のように「①本時の目標」だけを示すこともある。

第1時　「ファランドール」を聴き A、B 二つの部分からできていることに気づく。

第2時　（本時）

第3時

7　本時の展開（本時2／3）

> 授業をするのが全3時間計画の内2時間目、という意味である。

> 実際に授業をする時間の指導案である。（1）本時の目標、（2）本時の展開、の二つからなる。
> 教育実習で最初に授業をするときには、この部分だけを書く場合がほとんどである。なお、6の指導計画の中で授業する部分がここにあたり、さらに詳しく書くことになる。

第2章 音楽授業の基本を学ぶ　121

（1）本時の目標

「ファランドール」を聴き、楽曲の構成を理解し、A、Bの重なりを味わって聴くことができる。

題材目標が全時間の学習が終わったときに達成したい目標であるのに対して、本時の目標はここで授業する45分で達成したい目標である。題材目標で示したように、①関心・意欲、②音楽表現の創意工夫、③表現の技能、④鑑賞の能力のカテゴリーから一つまたは二つに焦点化する。

（2）本時の展開

本時の展開は児童がどのような活動をするのかを示す「学習活動」と、それぞれの学習活動に対して教師はどのように働きかけるのかを示す「指導上の留意点」（学校によっては「指導・援助」「支援」ということもある）の二つからなる。また「評価」を独立させて3列とする場合もある。

学習活動	指導上の留意点
1．「ハローサミング」を演奏する。 授業の最初には、常時活動としてリコーダーを吹いたり、歌ったりすることが多い。技能定着という側面をもつ。 2　「ファランドール」を聴く。 ・前時の学習内容を確認する。 ・本時の課題を確認する。 まず、授業のストーリーを考え、それにしたがっていくつかの活動のまとまりをつくり、番号をつけていく。 大きく三つから四つくらいにまとめるとよい。 「歌う」「話し合う」など、児童の視点で書く。 最後に評価規準を書く。本時の目標が達成できたかどうかを判断する視点である。本時の目標の裏返しでもある。	○サミングに気をつけて吹くことを想起させる。 ○サミングが苦手な子どもには、0の指を確認させる。 それぞれの学習活動に対応して、教師は行う発問、指示、説明、補助教具の提示などを書く。また、遅れがちな児童に対してどのような手を用いるのかや、発問の結果意見が出ないときの方法などを書く。 ○楽曲の構造が理解しやすいように、AとBのフレーズを色テープで示す。 「提示する」「問いかける」など、教師の視点で書く。 評価規準 楽曲の構成を理解し、A、Bの重なりを味わって聴くことができたか。（鑑賞の能力）

122

34 指導案・よくある間違い事例集
～誤変換、誤字、誤表記のいろいろ～

間違えやすい漢字

　近年はパソコンの普及によって、指導案も手書きからワープロソフトを使うことに変わってきた。しかし「旋律」を「戦慄」としたり、早打ちをして「リズム」→「リスム」（zとsのキーがそばにあるため）としたり、指導する側からは笑えない変換例も多くみられるようになってきた。また、正しい意味を理解して使えていない事例もみられる。ここでは指導案を書く際の留意点について述べる。これらは、これまで大学の授業で、学生が指導案を作成した際に比較的多く見受けられたケースである。

（1）誤字

　例えば次のようなミスが目立った。

　　音楽家学習指導案（誤）→音楽科学習指導案（正）

　　楽符→楽譜

　　休譜→休符

　　1通り→一通り（一郎を1郎とは書かないのと同じである）

　　ゆう→いう（言う、そういう、など）

　　体型、体系→隊形（2列隊形に並ぶ）

　　その他曲名としては

　　《笛成人》、《笛聖人》→《笛星人》

　　《しぱっれー》→《しっぱれー》

　　（ともに北村俊彦作曲のシだけで吹けるリコーダーの入門曲）

などがある。

　また、「始め（beginning）」と「初め（first）」の使い分けにも注意したい。

（2）正確な引用

　曲名は教科書に表記されているとおりに書く。なお、曲名は「　　」でなく《　　》や『　　』で書くことが多い。

以下、《誤》→《正》の例である。

　　《富士山》→《ふじ山》

第2章　音楽授業の基本を学ぶ　　123

《冬景色》→《冬げしき》
《故郷》→《ふるさと》
《気球に乗ってどこまでも》→《気球にのってどこまでも》
《ぶんぶんぶん》《ブンブンブン》→《ぶん ぶん ぶん》

　《ふじ山》や《冬げしき》などの文部省唱歌は、もともとは漢字で書かれていたが、教科書の表記に合わせるようにする。また、《ぶん ぶん ぶん》のように字間が空いている題名にも注意しよう。さらに、作詞者、作曲者名も忘れずに書く。作詞者、作曲者がはっきりしている場合には《赤とんぼ》(三木露風作詞、山田耕筰作曲)のように書く。また《子もり歌》は(日本古謡)と書いたり、《ぶん ぶん ぶん》は(ボヘミア民謡)と書いたりする。教科書を見て正確に書こう。編曲者がいる場合には忘れずに書く。

正しい意味理解をする

　小学校の場合、指導案には児童と書くのが正解であるが、中には生徒と書く学生がいる。生徒は中学生、高校生などが対象である。また、「聴く」と「聞く」の違いにも気をつけなくてはならない。自分が書こうとしているのはどちらに該当するのか考えてから書くようにする。ちなみに「聴く」は注意深く耳を傾けてきくことであり、英語では「listen」にあたる。一方「聞く」は音や声を耳に感じて知ることであり、英語では「hear」にあたる。音楽では「聴く」を用いるのが一般的である。

　次に、音楽用語の意味を正確に理解して使うことも必要である。例えば「音を正しく歌う」というのは「音階を正しく歌う」なのか「音高を正しく歌う」なのか判断がつきにくい。

　また「大きな声で歌う」ことと「強く歌う」ことの違いについても気をつけなくてはならない。「大きな声で歌う」というと子どもは怒鳴り声になりやすい。強弱をつけて歌うのであれば「強く歌う」が正しい。

　意外に間違えやすいのが全音符である。八分音符、四分音符、二分音符と続いて書かれているので、全音符は4拍分と考える人がいる。しかし、全音符はその小節内の長さを示すので、4拍子では4拍分だが、3拍子では3拍分、2拍子では2拍分となる。全休符も同じである。

八分音符
↓
四分音符
↓
二分音符
↓
全音符

楽器名の表記

　よく間違われやすいのが「タンブリン」と「タンバリン」である。世間一般には「タンバリン」と言う人が多い。どちらでも間違いではない

のだが、教科書には「タンブリン」と表記されている。「tambourine」を仮名書きするときに聞いた人の耳が「タンバリン」と聞こえたか、「タンブリン」と聞こえたかの違いのようである。しかし、文部省（当時）では『教育用音楽用語』を出版しており、そこでは「タンブリン」と記されているので、教科書会社はこれに準じていると考えられる。これと似た楽器に「タンボリン（Tamborim）」がある。ブラジルのパーカッション楽器でサンバなどに用いられ、タンブリンとは全く別物である。

この他、指導するときには実物とともに楽器名を板書することが大切である。板書しなかった結果、「トライアングル」を「トライヤングル」と書いたり、「タンギング」を「タンニング」と書いたりする子どもがいた。また「オーボエ」を「大ぽえ」と書く子どももいた。

文部科学省編（2004）『教育用音楽用語』教育芸術社参照

タンブリン

タンボリン

数字の表記

一般的に数字やアルファベットは半角で書く。特に2桁以上の数字は半角である。「２０１６年」ではなく「2016年」、タンギングのときの「トゥトゥトゥ」は「ＴＵ　ＴＵ　ＴＵ」ではなく「tu tu tu」である。

漢字を使おう

指導案では漢字を使った方が、読み手には意味が伝わりやすい。漢字は表意文字だからである。例えば「リコーダーをおく」は「リコーダーを置く」、「リコーダーをふく」は「リコーダーを吹く」の方が意味が伝わりやすい。しかし「音楽をつくる」は「作る」でも「創る」でもなく「つくる」とひらがなで表記する。これは「音楽づくり」には「作る」と「創る」の両方の側面があるため、とされている。

また「こども」は従来「子ども」と書くのが一般的であったが、文部科学省では「子供」と書くように知らせている。

一方、特別支援教育に関して、「障害」という表記を近年は「障がい」と書くようになってきていることにも注意したい。

障害の表記については、『「障害」の表記に関する検討結果について』平成22年11月22日（障がい者制度改革推進会議第26回（H22.11.22）資料2）を参照のこと。

目標の設定及び評価の仕方

まず、略案の場合、本時の目標の数は一つか二つに絞る。45分の授業の後、その目標が達成できたかどうかを見なくてはならないので、クラスが30人学級の場合は、30個を見ることになる。したがって、四つも五つも目標を設定すると、評価できなくなってしまう。

目標の設定にあたっては、「音楽への関心、意欲、態度」「音楽表現の創意工夫」「音楽表現の技能」「鑑賞の能力」の4側面から設定する。こ

れは国立教育政策研究所（国研）から出ている『評価規準の作成のための参考資料（小学校）』（平成22年11月）のp.137から記されている。インターネットから入手可能である。「国立教育政策研究所」と「評価規準の作成のための参考資料（小学校）」を検索キーワードとして調べればすぐに読むことができる（PDF版）。

　これをもとに、本時の授業は例えば「音楽表現の創意工夫」に焦点を当てるのか、「音楽表現の技能」に焦点を当てるのかを考えて目標を設定する。例えばリコーダーで《にじ色の風船》（橋本龍雄作曲。p.65参照）を教材曲として指導する場合、目標は次のように違ってくる。なお、あわせて評価するときのポイントを※で示した。

●「音楽への関心、意欲、態度」を目標とする場合
→「リコーダーを吹くことに関心を持ち、意欲的に《にじ色の風船》に取り組むことができる」
　※授業中にリコーダーを楽しく吹けているかどうかが評価のポイント。リコーダーを吹かなかったり、個人練習中に遊んだりしていると個人指導をして吹かせるようにする。

●「音楽表現の創意工夫」を目標とする場合
→「風船が飛んでいく様子を思い浮かべながら《にじ色の風船》を吹くことができる」
　※風船が飛んでいるイメージを持っているかどうか子どもに問いかけたり、ワークシートから判断したりする。この場合のワークシートは風船が飛んでいる絵でもよい。その絵と演奏とが合っていると判断できればよい。

●「音楽表現の技能」を目標とする場合
→「タンギングや息づかいに気をつけて《にじ色の風船》を吹くことができる」
　※演奏時にタンギングができているか、また一定の息を保ってリコーダーが吹けているかを判断する。

　「鑑賞の能力」は、この場合は表現の授業なので行わない。
　判断の結果、おおむねできていればB、できていなければCとなる。また、とても優れていればAとなる。
　こうして目標に応じた評価を毎時間記録して積み重ねていくことで、

学期末の評価が可能となる。7月や12月になり、通知表をつけるために慌ててリコーダーや歌のテストをすることは避けたい。それはふだんの指導を反省していない一時的なものだからである。

　なお、目標の文では語尾に口語表現を用いることは避ける。例えば、「タンギングや息づかいに気をつけて《にじ色の風船》を吹こう」ではなく、「タンギングや息づかいに気をつけて《にじ色の風船》を吹くことができる」である。ただし、授業中に子どもに課題として提示する場合は「〜しよう」とする。また「〜の工夫」ではなく、「〜を工夫する」である。使い分けが大切である。

> **考えてみよう・やってみよう**
> 「始め」と「初め」の違いについて調べ、用法と用例をまとめてみよう。

Memo

35 音楽づくりで「反復」と「変化」を学ぶ
～〔共通事項〕と関連した音楽づくり～

なぜ「音楽づくり」が大切なのか

　「音楽づくり」が苦手だという教師は多い。その理由として、まず自分が小中学生のときに経験したことがないためどのように授業してよいのかわからないという人がいることが挙げられる。次に、評価をどのようにしてよいのかわからないという人がいることも挙げられよう。しかし「音楽づくり」は音楽にとって最も重要なものであると言える。

　人は心の中に生じたイメージを外に出そうとする。そのときには媒体が必要である。それには、音、色・形、文字、動き等がある。これらの媒体を通して外に現れたものが、楽曲、絵画・彫塑・デザイン、文章（詩、物語、和歌、俳句など）、踊り等である。それぞれは分野としては音楽、美術、文学、舞踊となり、全体的には芸術と呼ばれる。そして学校で教える場合には、音楽、図画工作（美術）、国語、体育となる。

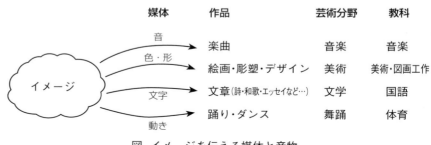

図　イメージを伝える媒体と産物

　この中で、音楽と、美術など音楽以外の分野とでは大きな違いがある。一つには音楽は聴覚を通すことが中心となるが、それ以外では視覚が中心となることである。もう一つは、ここが重要なのだが、絵画や物語などでは創作した人のオリジナリティが重視される。しかし、音楽の場合は創作した人も重視されるが、それ以上に演奏が重視されるのである。つまり芸術の受け手までのステップは、音楽以外の芸術が創作者（画家・作家など）→受け手であるのに対して、音楽では創作者（作曲家）→演奏者（ピアニストなど）→受け手となる。もちろん作曲者自身

が演奏することもある。つまり、自分自身で音を用いて表現するということがほとんどされてこず、音楽とは作曲家がつくったものを演奏するものという考えが一般的であったと言える。もちろん、作曲家の楽譜を読み解いて「自分はこう考える」と解釈して演奏することは大切である。だから同じ曲に対していろいろな演奏の仕方が出てくる。

しかし、ここで強調したいことは、子ども自身が音を使って自分の心のイメージを表現することが大切である、ということである。

「そんなの無理だ」という人は従来の音楽のイメージにとらわれている。作曲ではなく、創作である。作曲というと、鍵盤をたたいてメロディーをつくると思う人がいるかもしれない。そして「やってみたけれど、全然曲らしくない」という経験を持つ人もいるだろう。音楽の世界では機能和声の問題があり、この音の次にこの音を続けてはいけないだの、この音とこの音は不協和音になるからダメだのややこしいルールがある。しかし、そういったルールを知らなくてもヒット曲を連発している作曲家は多い。そもそもメロディーがなければ音楽ではないのかというと、そんなことはない。それでは日本の和太鼓やアフリカのトーキングドラムなどは音楽ではなくなる。

そういったルールを取り払い、自由に音楽をつくることは可能である。そしてこのことができるようになった背景には、現代音楽、特に前衛音楽や民族音楽の認知度が上がったことが大きい。

学習指導要領にみる音楽づくり

音楽づくりは一般的には「創作」と呼ばれる領域に含まれる。また、中学校では「創作」と呼ばれる。

原点である学習指導要領をみてみよう。

学習指導要領ではアとイの2項目からなる。

アは各学年では次のようになっている。

1・2年　声や身の回りの音のおもしろさに気づいて音遊びをすること。

3・4年　いろいろな音の響きやその組合せを楽しみ、様々な発想をもって即興的に表現すること。

5・6年　いろいろな音楽表現を生かし、様々な発想をもって即興的に表現すること。

ここでは「即興的に」がキーワードである。例えば棒を持ってペットボトルや机などいろいろなものをたたくことにより、どの音が気に入ったかを紹介するのもその一つである。また、竹筒を使って自由にならし

ていると、やがて友達同士で「合わせてみよう」という活動が生まれる。この活動をするとまず「いつ終わるか」という意識ができる。そうすると、「10回鳴らしたらみんなでバン（大きな音）で終わろう」とか「太郎君がサインを出したら終わろう」とする。次に「どのように始めるか」というルールができる。ここでは「せーの、で始めよう」とか「始めに花子さんが始めて、3回鳴らしたら私が入って」というルールができる。そうして音楽としての形式を整えていく活動へと発展する。

一方、イでは「音楽の仕組みを生かして音楽をつくる」がキーワードとなる。そのときに「音を音楽にする過程」と、「思いや意図をもってつくる」の二つが重視される。

1・2年　音を音楽にしていくことを楽しみながら、音楽の仕組みを生かし、思いをもって簡単な音楽をつくること。

3・4年　音を音楽に構成する過程を大切にしながら、音楽の仕組みを生かし、思いや意図をもって音楽をつくること。

5・6年　音を音楽に構成する過程を大切にしながら、音楽の仕組みを生かし、見通しをもって音楽をつくること。

音楽を構成する最小単位は音である。そして音をつないだり組み合わせたりすることによって、ふしが生まれたり、響きが生まれたりする。こうして音楽になっていく。そのときにどうしてそのふしにしたいのか、とか、そうしてAの音とBの音を合わせたいのかを考えていくと、そこには「○○みたいだから」という思いがある。そして意図的に音を重ねたり組み合わせたりして音楽をつくっていく。

なお、3・4年で「思いや意図をもって」の部分は、5・6年では「見通しをもって」となっている。高学年になると全体像を捉えて判断しやすくなるという子どもの発達段階の現れと見ることができる。

作品をつくる過程に、その子どもの表現したいイメージと音との関わりがあり、自分の持っているイメージを何とか表現しようとする姿がある。したがって「音楽づくり」の学習では、結果として聴き映えのする作品よりも、いかにしてその作品をつくろうとしたのか、そして思いどおりの作品をつくることができたかが問われなくてはならない。

〔共通事項〕を生かした音楽づくり

音楽づくりが子どもの自由な表現を可能にするといっても、「さあ、自分の思ったようにつくりなさい」と言っただけではつくれない。何か手がかりが必要である。そんなとき、〔共通事項〕に手がかりを求める

参考文献
SONARE（ソナーレ）
『6.ふしをつくる』
『7.ひびきをつくる』
音楽科教育実践講座刊行会編
1992.ニチブン

と指導のねらいが明確になる。

例えば〔共通事項〕のアの(イ)の中から「反復」「変化」を指導内容とした事例を紹介する。

（準備する楽器）音楽室にある打楽器類（木琴、カスタネット、ウッドブロック、クラベス、シンバル、タンブリン、鈴など）

(1) 第1段階

木琴で低いソの音を♩＝50くらいでゆっくり打つ。

(譜例1)

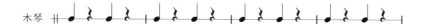

このままずっと続けているとその遅さと単調さに子どもたちはあきてくるだろう。そこで一人の子どもにカスタネットを渡し、木琴の音と音との間に入るように言う。

そうすると木琴とカスタネットの音とが交互に鳴る。

(譜例2)

次にもう一人の子どもにトライアングルを渡し、自由に入るように言う。入り方がわからなければ4拍目に入ってみるように促す。すると、木琴、クラベス、トライアングルの順になる。同じようにして次々と子どもに入っていくように言う。

(譜例3)

こうすると他の子どももやってみたくなる。そこで、グループをつくってそれぞれ活動するように指示する。

ルールはまず木琴から始めること、次に一人ずつ順に入っていくこと、の二つである。

（2）第2段階

　グループごとに活動が始まると子どもの方から質問が出てくる。「一人1回ずつしか鳴らしてはいけないんですか？」「他の楽器を使ってはいけないんですか」などである。

　そこで全員を集め（集めることが大切である。その場で話し合いをすると楽器をさわる子どもがいて全員に伝わらない。教師はモノに負けるのである）、ルールを話し合う。

　そうすると ♩ だけでなく、♪ や ♫ のリズムも出てくる。また、「同じリズムが続くと単調だから、途中で変えたい」という意見も出てくる。

　いろいろな意見が出てきた時点で、教師が板書に整理し、ルールを確認する。基本的に各グループでどのように行ってもかまわない。ただ、この時点で「反復」と「変化」という言葉を教えることは必要である。そして、第2段階からは「反復と変化を使ってつくろう」という目標をつくると、何回リズムを反復させると変化させるかとか、何を変化させるか等と活動が広がっていく。

（3）第3段階

　ある程度活動が進んだ時点で、各グループにタブレットを1台ずつ配付し、自分たちの演奏を録画するように勧める。これは子どもたちが自分たちの現在地点を確認するのに有効である。自分たちの演奏を録画することで、自分の思い描いているイメージと合っているかどうかを確かめることができるからである。このようにして、自分たちが「できた」と思ったところが最終地点である。

　ただし、即興はその場で互いのコミュニケーションを取りながら演奏することに価値があるので、それを重視するのであれば第3段階はなくてもかまわない。

（4）評価

　この活動では「反復」と「変化」を用いることが目標として示されているので、「反復」で用いたリズムと、「変化」させた音楽的な要素との関係を評価する。

　変化させるのはリズムだけではなく、音色、速度、強弱など様々な要素を用いることが可能である。

　例えば、次のような規準が考えられる。

　①思いや意図を持ち、反復と変化を用いて作品をつくる活動を楽しむ
　　ことができたか。（関心・意欲・態度）
　②思いや意図をもとに、反復と変化を用いて表現を工夫することがで

きたか。（音楽的な創意工夫）

③思いや意図をもとに、反復と変化を用いて作品をつくることができ
たか。（表現技能）

②と③の違いは、②は活動時に子どもが自分の表したいイメージをど
のようにして表現しているのかを観察によって読み取るのに対して、③
は表したいイメージと楽器の奏法との整合性を見たり、出来上がった作
品におけるその子どもの演奏技能を見たりすることにある。

そのためには教師はそれぞれの子どもがどんなイメージを持って表現
しようとしているのかを知っておかなくてはならない。そのためには、
活動中に子どもとの対話によってイメージを聴き取ったり、ワークシー
トによって読み取ったりしておく。

この活動は音楽室にある打楽器を用いて比較的容易に行うことができ
る。なお、筑波大学附属小学校の高倉先生は、次のような方法を採って
いる。

1）一人目の子どもが基本となるリズムパターンを打ち続ける（予め
任意の打楽器を選んでおく）。

2）二人目の子どもは、自分が入ろうと決めた部分から演奏に加わ
る。

3）三人目以降の子どもも、それぞれ加わっていく。

4）全員加わった時点で、一人ずつ抜けていったり、再び加わったり
する。

5）終わり方は全員で話し合って決める。

ここで紹介した方法や高倉先生の方法で重要なのは、子どもたちが共
通のリズムに乗ることである。例えば長縄をするときには全員が同じリ
ズムに乗らなければ足が縄に引っかかってしまい、それ以上続けること
ができなくなる。それと同じことである。

考えてみよう・やってみよう

友達とグループをつくり、ここで紹介した打楽器によるアンサンブル
を試してみよう。そしてグループの人数が何人だと活動しやすいかにつ
いて話し合ってみよう。

第2章 音楽授業の基本を学ぶ　133

36 鑑賞指導
～感想を書くだけの鑑賞指導からの脱出～

鑑賞の授業って苦手？

　鑑賞の授業をどのようにすればよいのか悩んでいる教師は意外に多い。教える教師自身が、小学生や中学生のときに、先生から「今日は○○を聴きます」と曲名を教えられて曲を聴き、その感想を書いて提出したという経験しか持っていないからだ。実際、「そうだった」という学生が多い。また、最近は言語活動との関連が叫ばれ、音楽では鑑賞でそれが生かされる、と考えている人も多い。

　鑑賞の授業の最大の問題点は、感想を書くことで音楽の評価をしようとしていることである。単に曲を聴いて感想を書くだけであれば、教師は何を指導したというのだろうか。そして感想の評価は、誌面をいっぱいに埋めて書いたり、内容をそれらしく書いたりする子どもの評価がよくなり、3行くらいしか書けない子どもの評価は低くなる。これでは音楽ではなく、国語の作文の評価である。

　ここでは音楽を聴くことが子どもの知的好奇心をよび起こす授業を考えてみよう。

指導内容を明確にした鑑賞授業を

（1）原典に当たること

　鑑賞の授業で何を指導するのか、原典に当たってみよう。原典とは『小学校学習指導要領』である。

　まず目標は1・2年では学年ごとに次のように記している。
「様々な音楽に親しむようにし、基礎的な鑑賞の能力を育て、音楽を味わって聴くようにする。」

　「基礎的な鑑賞の能力を育て」の部分は、3・4年では「伸ばし」となり、5・6年では「高め」となる。

　次に指導内容については、ア、イ、ウの3項目からなる。

〈1・2年〉
　　ア　楽曲の気分を感じ取って聴くこと。
　　イ　音楽を形づくっている要素の関わり合いを感じ取って聴くこと。

ウ　楽曲を聴いて想像したことや感じ取ったことを言葉で表すなどして、楽曲や演奏の楽しさに気づくこと。

〈3・4年〉

ア　曲想とその変化を感じ取って聴くこと。

イ　音楽を形づくっている要素の関わり合いを感じ取り、楽曲の構造に気をつけて聴くこと。

ウ　楽曲を聴いて想像したことや感じ取ったことを言葉で表すなどして、楽曲の特徴や演奏のよさに気づくこと。

〈5・6年〉

ア　曲想とその変化などの特徴を感じ取って聴くこと。

イ　音楽を形づくっている要素の関わり合いを感じ取り、楽曲の構造を理解して聴くこと。

ウ　楽曲を聴いて想像したことや感じ取ったことを言葉で表すなどして、楽曲の特徴や演奏のよさを理解すること。

（2）第1段階：知覚と感受

アの部分を1年生から6年生まで通して読んでみよう。文が似ていることに気づくだろう。ここでは文の後半がどの学年も「感じ取って聴くこと」となっている。では何を感じ取るのだろう。前半を見てみよう。1・2年では「楽曲の気分」、3・4年では「曲想とその変化」となっている。「楽曲の気分」と「曲想」はどう違うのだろうか。

その答えは『小学校学習指導要領解説　音楽編』にある。

「曲想」とは、「その楽曲に固有な気分や雰囲気、味わい、表情を醸し出しているもの」とされる（p.22）。また「楽曲の気分」とは、『「曲想」のうち、低学年の児童が感じ取りやすい『気分』を取り上げたもの』とされている（p.28）。つまり、「楽曲の気分」＜「曲想」であり、両者は曲想として考えてよい。

したがって、アは「曲想」がキーワードである。ところで「曲想」はどのようにして生み出されるのだろうか。同書には親切に、「この曲想を生み出しているのは、音楽を特徴づけている要素や音楽の仕組みの関わりによってつくられる「『楽曲の構造』である」（p.22）と書いている。このことを指導内容としているのがイである。イには「音楽を形づくっている要素の関わり合いを感じ取って聴くこと」（1・2年）とある。したがって、鑑賞の指導内容アとイは表裏一体なのである。音楽を聴くときに何かしらのイメージが頭の中に生まれるのは、音楽と特徴づけている要素や音楽の仕組みが聴覚を通して脳に伝わるからである。これが「知覚」であり、その結果生み出されるイメージが「感受」であ

る。鑑賞ではまず、この二つの関わりを指導することが重要である。そのための手がかりとなるものが〔共通事項〕である。〔共通事項〕に示された音色や強弱などの「音楽を特徴づけている要素」と、反復や変化などの「音楽の仕組み」の中から、今回鑑賞する曲はどの要素を指導するべきか選んで授業をするのである。ここまでが第1段階である。

(3) 第2段階：批評

鑑賞指導では、知覚・感受だけでは十分ではない。最終的には聴いた音楽のよさを味わうことが必要である（マイナス面も含めて）。それが指導内容ウである。「楽曲や演奏の楽しさに気づ」いたり（1・2年）、「楽曲の特徴や演奏のよさに気づ」いたり（3・4年）、「理解し」たり（5・6年）することが目標である。そのためには手段が必要である。それがウの前半に示されている「想像したことや感じ取ったことを言葉で表すなどして」の部分である。

ここで注意すべきは「など」の部分である。言葉で表すだけではなく、他にもいろいろな手立てをとってよいということである。このことは指導要領の「第3指導計画の作成と内容の取扱い」にも示されている。

「音楽との一体感を味わい、想像力を働かせて音楽と関わることができるよう、指導のねらいに即して体を動かす活動を取り入れること」という部分である。つまり、鑑賞活動において身体表現を取り入れると効果的である、と言っているのである。

では身体表現をするとなぜよいのか。例えば《ファランドール》の冒頭の部分を聴いたときには、両手を勇ましく振り、堂々と行進するように動くだろう。なぜそのような動き方をするのか問いかけると、曲の速度が歩く速さであることや、低い音や金管楽器によって堂々とした感じがするという答えが出てくる。つまり、聴き取った要素と動きとが結びつくのである。しかも頭の中だけでなく、いったん自分の外へ動きという形となって現れてくる。そのことによって教師や友達もその考えを共有しやすい。また、このようなことを話し合う場が成立する。そうすると、「自分も同じ考えだ」「そんな感じ方もあるのか」と自分の考えを裏づけられたり、気づかない見方ができたりする。そうして新たな感じ方を獲得するのである。

また、このような話し合いを通して感じ方を深めた子どもは、その曲について感じたことを感想として書くことができるようになる。結果的にウとしての「楽曲の特徴や演奏」のよさや楽しさに気づくという目標が達成できるのである。中学校ではこの活動を「批評」としている。

なお、高学年の子どもで「身体表現がちょっと……」という場合は、

身体表現の際にボールやスカーフを使う方法が有効である[注]。この方法は筑波大学附属小学校の高倉弘光氏が実践している。また旋律線を捉えて黒板に線を引くのも有効な方法といえる。

ワークシートのつくり方

　鑑賞し、感じたことを書かせる場合、何でも自由に書いてよいわけではない。すでに述べてきたように、鑑賞の授業には目標があり、そのことが達成できたかどうかが評価規準となる。したがって感想として何でもかんでも書けばよいということにはならない。

　鑑賞授業の目標は、まず知覚と感受の両者が成り立つということである。例えば《シンコペーテッドクロック》（アンダーソン）の場合、ウッドブロックとトライアングルの音色を聴き取ることが目標となった場合は「音色」が指導内容となる。そのためにはウッドブロックとトライアングルが鳴っていることに気づかなくてはならない。よく用いられるのはそれぞれの楽器が鳴ったら手を挙げるという方法である。次にそれぞれの楽器が鳴っているときに、どんな感じがしたかということを説明することである。ワークシートでは、例えば「楽器名」「感じ」という二つの言葉を3×3のマスに書き、まず楽器名を記入させる。次いで楽器が鳴ったときにどんな感じがするかを記入させる（右図）。このとき「（　　　　　）な感じ」というように補助的な言葉を入れておいてもよい。次に、この曲の感想を書かせる。このとき、低学年であれば「家の人（弟や妹）に紹介しよう」としてもよい。そして重要なのはキーワードを示して、その言葉を使って書くようにすることである。例えばこの曲の場合「『ウッドブロック』『トライアングル』という言葉を使って書きましょう」というように子どもに示す。

　こうすることによってウッドブロックとトライアングルの音色に気づいているか（知覚）、それぞれの楽器の音色からイメージを持つことができているか（感受）、それらを合わせてこの曲のよさを紹介できているか（味わう）という評価をすることができる。このことが書けていれば短い文でもかまわない。たくさん書いても、知覚と感受をもとに楽曲を味わうことができていなければ、評価は低くなるのである。

【注】ボールを使った鑑賞については『音楽の読解力を高めるボールを使った身体表現』（高倉弘光著、学事出版）が参考になる。また身体表現以外に色や形を使って表す図形楽譜という方法もある。『子どもが活動する新しい鑑賞授業―音楽を聴いて図形で表現してみよう―』（小島律子編、音楽之友社）に詳しい。

楽器名	感じ	感想
ウッドブロック	な感じ	
トライアングル	な感じ	

ワークシート例

考えてみよう・やってみよう

　2拍子の曲と3拍子の曲を聴き、その違いについて書き出してみよう。そしてなぜその違いが生まれたのかについて考えてみよう。

第2章 音楽授業の基本を学ぶ　137

37 サバイバルピアノ伴奏法(1)
～ピアノが苦手な学生もアンジェラ・アキのように弾き歌いができる～

ピアノが弾けないと音楽の授業ができない？

　教員採用試験ではピアノ実技を課している都道府県や政令都市がある。指定の楽譜を使って伴奏するように求めている県もあるが、ほとんどの県では伴奏型は自由である。

　本節で学ぶことは三つ。①第3音により長調と短調の違いができること、②調性が変わってもスリーコード（1度、4度、5度）のつくり方は原理がわかっていればできること、③そしてこれをベースにスリーコード以外のコードを試すきっかけになること、である。

　音楽専攻以外の学生にピアノレッスンをしていてわかったことだが、ピアノが弾ける学生の中にはコード伴奏よりも楽譜どおりに弾きたいという学生がいる。なぜその伴奏型になっているのか、なぜその音が使われているのかを考えないで、楽譜に書かれているとおりに弾くことで満足している。自分で伴奏型をアレンジして弾くことで楽譜どおりに弾くよりも自分の思いのままに弾けることの楽しさに気づいてほしい。

　ここで扱うサバイバルピアノはピアノが苦手な学生にとっての一時しのぎだけではなく、コードさえあればいつでも音楽の授業を可能にする方法である。ただし、ピアノが弾けなければ音楽の授業ができないということではない。ピアノが弾けなくても音楽の授業は十分できる。そのことはいくら強調してもしたりないほどだ。

　そのことを断った上で、ピアノの弾き方に入ろう。

　まず覚えるのは、次の三つの指使いである。

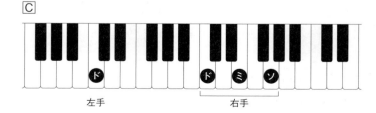

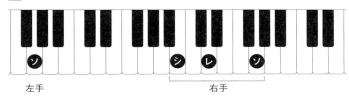

それぞれC（シー）、F（エフ）、G（ジー）の和音（コード）という。
これ以外にG7（ジーセブン）というコードがあるが、Gで代用する。
　実際にピアノやキーボードで弾いてみよう。

■ **Lesson 1　ハ長調**■
①「C」と「G」を交互に弾いてみよう。慣れるために5回くり返す。5回くり返したら、今度は目を閉じて5回くり返してみよう。できなくても次に進むにつれてできるようになってくるので②へ進もう。

② C → C → C → Gと弾いてみよう。
　それぞれ4拍ずつ弾いてみよう。
　これは《かたつむり》の最初の部分だ。
《かたつむり》
　　C　　　　C　　　　C　　　　G
　　でんでん　むしむし　かたつむ　り

歌いながら弾いてみよう。

　実はこれと同じ弾き方がある。
《夕焼け小焼け》
　　C　　　　C　　　　C　　　　G
　　ゆうやけ　こやけで　ひがくれ　て

第2章　音楽授業の基本を学ぶ　　139

《春が来た》
　　　　　C　　　　C　　　　C　　　G
　　　はるがきた　はるがきた　どこにき　た

つまりこれだけで3曲の冒頭部分が弾けることになる。

まず《かたつむり》を弾いてみよう。

慣れてきたら左右交互に動かしてみよう。

（左手）　C　　　C　　　C　　　G
（右手）　　　C　　　C　　　C　G
　　　　でんでん　むしむし　かたつむ　り

少し感じが違って聞こえただろう。この弾き方をツービートという。
ツービートで《かたつむり》を弾いてみよう。

③ Fの練習
　《ゆうやけこやけ》にはFというコードがある。

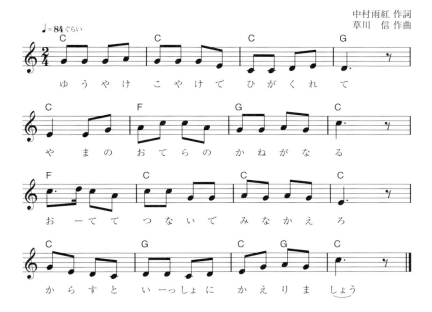

まず両手で同時に弾いてみよう。
次にツービートで弾いてみよう。

④ハ長調の他の曲

　巻末（p.190〜）に付録で歌唱共通教材を示した。そのうちハ長調の曲を、練習の順序で示すと、《夕やけこやけ》（2年）→《かたつむり》（1年）→《春がきた》（2年）→《虫のこえ》（2年）→《春の小川》（3年）→《ふじ山》（3年）→《まきばの朝》（4年）→《とんび》（4年）→《おぼろ月夜》（6年）となる。

　楽譜を見ながら練習してみよう。

⑤長調と短調

　よく長調とか短調と聞くが、その違いは何だろう。
　試しにピアノでドミソを弾いてみよう。

第2章　音楽授業の基本を学ぶ　　141

《ちょうちょう》を弾いてみよう。

ここでミの音を半音下げて黒鍵を押さえてドミ♭ソと押さえてみよう。少し感じが変わったことに気づくだろう。これが「短調」である。ドミソがハ長調ならば、ドミ♭ソはハ短調となる。ドミソのコードがCであったのに対して、ドミ♭ソはCm（シーマイナー）という。マイナー（minor）とは短調のことだ。

さっきの《ちょうちょう（蝶々）》をハ短調（Cm）で弾いてみよう。ミをミ♭にするだけだ。これで「ちょうちょう（蝶々、長調）」は「たんちょう（短調）」になった！

つまり長調と短調の違いはドを第1音とすると、三つ目の音（第3音）が半音下がるかどうかで決まる。このように第3音の役割というのはすごく大切なのだ。

[短調のつくり方]

第3音を半音下げれば短調になる。その原理は次のとおり。

鍵盤を隣の黒鍵に移動するときに0.5と数えると、ハ長調ではド（第1音）とミ（第3音）の間は2.0、ミ（第3音）とソ（第5音）の間は1.5となる。

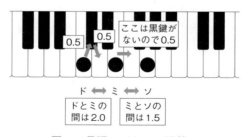

図　ハ長調　ドミソの距離

ミを半音下げてミ♭とすると、ド（第1音）とミ♭（第3音）の間は1.5、ミ（第3音）とソ（第5音）の間は2.0となる。つまり長調と短調とでは第1音と第3音、第3音と第5音との関係が逆になる。

⑥《とんび》

　《とんび》には、Amのコードが出てくる。「ピンヨロ」の部分だ。Amってどう弾くんだろう？

　これはAとmとに分けて考える。mは短調だった。するとAは下のとおりラにあたる。日本名ではイだ。だからAmはラを第1音として始まる。すると第3音はド、第5音はミとなる。

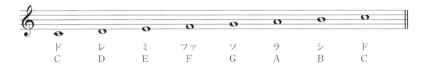

　ここで問題となるのが第3音だ。先ほど考えたように、短調では第1音と第3音の間は1.5、第3音と第5音の間は2.0となる。よってラドミと押さえるのが正解だ。

　ただ、Cをドミソと弾くと、Amはラドミで指の移動が大変だ。だからラドミのドを1オクターブ下げて、ドミラとすると弾きやすくなる。イ長調だから左手はラを押さえる。

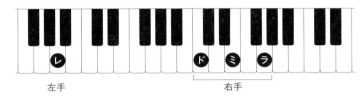

　これで《とんび》が弾ける。

「G7」について

　楽譜を見ると、「G」ではなく、「G7」となっていることがある。「G7」はそのままでは終わった感じがせず、「C」へ行きたがる性質がある。ある程度弾けるようになれば「G7」で弾くとよいが、初心者で難しい人は、当面「G」のままでもかまわない。

　今回は共通教材をもとに行ったが、その方法を理解した人は他の曲にも応用がきくようになる。

> **考えてみよう・やってみよう**
> 　《おぼろ月夜》は3拍子なので、左→右→右と弾く。ただし、弱起といって3拍目から始まっているので少し弾きにくい。挑戦してみよう。

38 サバイバルピアノ伴奏法(2)
～ヘ長調やト長調もへっちゃらだ～

■**Lesson 2 ヘ長調**■

①ヘ長調のコード

　ヘ長調は F（エフ）、B♭（ビーフラット）、C（シー）の三つの和音でできている。このうち F と C はハ長調と同じだ。

　つまり B♭ の押さえ方がわかればヘ長調の曲は弾ける。

実際にピアノやキーボードで押さえて確認しよう。

②《ひのまる》を弾いてみよう

最初は両手で、慣れてきたらツービートで弾こう。

③ヘ長調の曲

　《日のまる》が弾けたら、《もみじ》→《こいのぼり》→《冬景色》→《ふるさと》の順に弾いてみよう。

　《冬景色》と《ふるさと》は3拍子の曲なので、ツービートは使えな

い。左右右と弾く。

《冬景色》の最初の部分を示す。

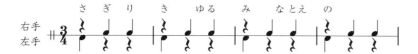

同じようにして続きを弾いてみよう。

■ Lesson 3　ト長調■

①ト長調のコード

　ト長調はG（エフ）、C（シー）、D（ディー）の三つの和音でできている。このうちGとCはすでに学んでいる。

　つまりDの押さえ方がわかればト長調の曲は弾ける。

　Dの指使いは次のとおりである。

実際にピアノやキーボードで押さえて確認しよう。

②《うみ》を弾いてみよう

　《うみ》は3拍子なので、《冬景色》や《ふるさと》と同じように左右右と弾く。

③ト長調の曲

　《うみ》が弾けたら《茶つみ》→《スキーの歌》と弾いてみよう。ト長調の曲はこの三つである。

■ Lesson 4　二長調■

①二長調のコード

　二長調の曲が一つだけある。《われは海の子》だ。

　コードはD、G、Aの三つだ。このうちDとGはすでに学んだので、新しいコードはAだけとなる。Aの押さえ方は次のとおりである。

実際にピアノやキーボードで押さえて確認しよう。

②《われは海の子》を弾いてみよう

これは4拍子なのでツービートでも弾ける。試してみよう。

■ Lesson 5　日本の伝統音楽■

　歌唱共通教材にはわらべうたや日本古謡といった、日本にドレミファソが伝わるより前から存在していた音階でできている曲が含まれている。《ひらいたひらいた》（1年）、《かくれんぼ》（2年）、《うさぎ》（3年）、《さくらさくら》（4年）、《子守歌》（5年）、《越天楽今様》（6年）の5曲だ。この中で《かくれんぼ》（林柳波作詞、下総皖一作曲）昭和16年発行『ウタノホン（上）』に掲載された曲であるが、日本の音階を使っているのでここに含めた。

おわりに

　歌唱共通教材のピアノ楽譜が手に入ったら、上下2段の楽譜を見てみよう。右手は旋律である。次に左手の楽譜を見ると、その小節で使われているコードを構成する音が含まれているのがわかる。つまり、伴奏はコードをもとにつくられている。だから自分でいろいろな形で伴奏形をつくることが可能なのだ。

　左右をコードで弾くだけでも、ツービートだけでなく、アルペジオや様々なリズム（ビギン、ロックなど）を使うと、授業で使う選択肢がより広がるだろう。

　始まりの音（主音）がわかれば第3音、第5音がわかり、コードができる。ド以外の音から始まっても、この原則がわかっていればコードをつくることができるはずだ

　またセブンス（7）、サスペンデッド（sus）、デミニッシュ（dim）等のコードにも挑戦して伴奏の腕を上げてほしい。

考えてみよう・やってみよう

　コードネームのついている歌集を探し、《きらきら星》《小ぎつね》《思い出のアルバム》を弾いてみよう。

ここまで弾けるようになれば次の本を参考にしてさらに勉強してほしい。中田喜直（2012）『実用和声学―旋律に美しい和音をつけるために』音楽之友社、その他「ピアノコードブック」が多数の出版社から出ている。

第2章　音楽授業の基本を学ぶ　147

第3章
誰がために鐘(チャイム)は鳴る
― 子どもたちとつくる新しい音楽科の授業 ―

　「学校音楽校門を出ず」とも言われてきた。そもそも、少なからぬ教員がそれでよいと考えている節もあり、現在までその状況はほとんど変わっていない。
　しかし、言わば「異質な他者」である子どもの総体から目を逸らし、学校「内」の学習活動で見える姿ばかりを追っていてよいはずがない。結局のところ、子どもの立場に立って考えるという当然のことが真になされず、彼らの学校「外」の生活や音楽的経験が学びに反映されてこなかったのである。2020年度には「学習観の転換」の実質化を求める大学入試の制度変更も予定されている。「社会に開かれ」ず「内」に閉じた音楽科の授業であれば、早晩行き詰まってしまうだろう。
　第3章では、小学校音楽科の内容に加え、中・高等学校における音楽科の内容にも視野を広げて、その学びの本質と可能性について述べる。既存の指導観や音楽観にとらわれることのない新たな実践を生み出すヒントになれば幸いである。

（吉村治広）

39 子どもの何をどのように育てているのか？
～音楽科の今そこにある危機～

音楽の授業って何のためにあるの？

　少なからぬ人が、普段の生活と直接関係なさそうな難しい数学の公式や古典の単語を覚える意味に疑問を持った経験があるだろう。同様に、学校教育に「音楽科」が存在する理由について考えた人はどのくらいいるだろうか。

　子どもからこのような素朴な疑問や異議申し立てをぶつけられたとき、あなたは、彼らが真に納得する答えを返すことができるだろうか。実際には、それができそうにないことを気に病んだとしても、「とりあえず」それは一時的なことで終わる。法的に決まっていることが変わるはずもなく、やがて子どもたち誰もが「言っても無駄」と考えなくなっていくからである。

　しかし、そもそも教育を受ける側の気持ちを軽く無視して実践される教育に、どの程度の意味があるだろうか。例えば、子どもがその本来の価値に無自覚なまま、できるできないを測り、ランクづけする活動と捉えてしまえば、その内実は不毛なものになってしまう。また、学校の音楽の授業で、演奏に必要な技能の習得を目的とするような指導が長く行われてきた[注1]ことなどから、教師の側に「技能」の重視を不自然と感じない心性が残っていても不思議はない。

　結果として、音楽の授業で、子どもの疑問を置き去りにした教育が予定調和的に実践されていることも多い。彼らの思考停止を前提とするような活動は、何を目的に展開されているのだろうか。

音楽の授業は何を育ててきたの？

　中・高等学校の音楽科の授業内容を扱う学部授業の最初の時間に、あるドラマの1シーンに合う音楽をタブレット端末のアプリで作成させたことがある[注2]。そのシーンで実際に使われている曲のコードをあらかじめ読み込んでおいたため、アプリが提案する音のパターンを選択し、組み合わせるだけでサウンドができていく。それでも、実技試験を経て入学したはずの学生たちが四苦八苦していた。音楽の授業で創作した経

【注1】西園は、平成元年告示の学習指導要領でさえ、明治以来、西洋古典音楽を正典とし、演奏技能向上に偏重してきた「演奏中心の音楽科カリキュラム」に分類している。西園芳信（2005）『小学校音楽科カリキュラム構成に関する教育実践学的研究』風間書房

【注2】この実践については、次の研究でも報告している。吉村治広（2016）「イメージが推進する二重の生成―劇伴の創作による質の経験を通して―」『学校音楽教育研究』日本学校音楽教育実践学会，第20巻，pp.102-103

験が乏しい上に、入試実技に「作曲」させるような課題がないためかもしれないが、そこに音楽的な技能は一切必要とされていない。

さらに活動後、彼らの半数が「音楽的なセンス」が足りなくて困ったと答えたのである[注3]。受験に必要なピアノや声楽などを学校外でも学んできたにもかかわらず、音楽的なセンスに自信がないという実態に驚かされた。結局、学校の授業も学校外の専門教育も、彼らの音楽的なセンスを育てるものではなかったということになる。

おそらく、様々な音色やリズムの組み合わされたサウンドを取捨選択していくような経験が乏しく、その良し悪しの判断に悩んだのだろう。しかし、世の中に溢れる音楽が、独奏楽器と声の組み合わせのみでできているわけではない。音楽的なセンスを十全に磨くためには、限定された音による表現の経験を積み重ねるだけでは足りないのである。

身近な音楽より伝統音楽でいいの？

最近では、ファッションブランドとコラボした「かわいい」中学校の参考書が、「これなら勉強したくなる」と生徒から人気らしい。また、中学校の保健体育では、すでに「ダンス」が1・2年次の必修科目となり、ロックやヒップホップなどの「現代的なリズムのダンス」も選択できるようになっている。

ところが、そんな時代の音楽の授業が、最も子どもに身近で影響力の強いポピュラー音楽をせいぜい「歌ってみた」程度に扱っている。まるで現代の子どもの生活から遠いものほど優先させているかのように。

そこには、様々な大人の事情も反映されているのだろう。それでも、自ら考え、判断できる人間を育てることを教育の目標とし、公共の利益とするのであれば、偏った教材選択や学習内容は逆効果である。何より、学習を真に主体的なものとする動機づけに失敗してしまう[注4]。

ポピュラー音楽の「教材的」価値を確かめるのは簡単である。他の音楽と並べて子どもたちに検討させてみれば、その効果は誰の目にも明らかとなる。その上で、教師は子どもとともに「音楽的」価値を見いだしていけばよい。取るに足らない価値しかないものは、やがて自然淘汰されるだけなのだから。

【注3】 具体的には、実践後のアンケートで、10項目の選択肢から「自分に足りなくて困った」と感じるものをすべて挙げさせたところ、「音楽的なセンス」を10名中5名の学生が選択していた。また、同じ選択肢から「特に指導が難しい力」を三つ挙げさせたところ、8名の学生の回答に「音楽的なセンス」が含まれるとともに、うち4名が「最も難しい力」と答えていた。もちろん、彼らがこの状態のまま教員となるわけではない。しかし、「音楽的なセンス」こそ、感性的な認識の能力を育成する音楽科の担当者に必要な力そのものであることを考えれば、構造的な音楽科教育の課題が存在するといえるだろう。

【注4】 学習観が転換し、子どもの学びの筋が注目される中で、いよいよ子どもの生活経験としての音楽の実態と「学校音楽」とも揶揄される閉じた授業内容の乖離が、教師と子どもの双方から切実な問題として意識されざるを得ない状況に至っているのである。

> ┌ **考えてみよう・やってみよう** ┐
>
> 音楽の授業は学校に必要だろうか？ これまでの経験を踏まえ、その理由とともに答えてほしい。

40 伝えるべき教科の本質とは？
～「質の経験[注1]」としての教育～

【注1】西園は、デューイの芸術論『経験としての芸術』の理論的解明を通して「質の経験」を核心とする音楽教育の原理を導出した。西園芳信（2015）『質の経験としてのデューイ芸術的経験論と教育』風間書房

【注2】同上，pp.190-192

【注3】小泉英明（2008）「脳科学と芸術の明日にむけて」『恋う・癒す・究める 脳科学と芸術』工作舎，pp.375-398

【注4】中学校音楽科の目標は、「表現及び鑑賞の幅広い活動を通して、音楽を愛好する心情を育てるとともに、音楽に対する感性を豊かにし、音楽活動の基礎的な能力を伸ばし、音楽文化についての理解を深め、豊かな情操を養う」こととされている。

「芸術の知」の学びを通して

　西園は「量」と「質」という自然の二つの次元のうち、定量化できる「量」の次元のみが取り上げられ、科学・技術を発達させる一方、「質」の次元が無視されてきたため、人間の認識様式のバランスが崩れ、様々な現代的な問題が露呈してきたと指摘する。そして、概念的科学的経験において主要な能力となる知性・理性・概念・論理である「科学の知」だけでなく、感性・イメージ・直観・感情等の世界の意識と能力の特性を表す「芸術の知」の学びの重要性を主張している[注2]。

　同様に、脳科学者の小泉も、科学技術者養成のために「知育」の代表である主要5教科に力が入り、芸術科目の時間数が漸減する傾向にあることに警鐘を鳴らしている。憂慮すべきは、経済協力開発機構（OECD）による「学習到達度調査」の順位ではなく、子どもたちに蔓延する極端な学習意欲や興味の低下とみるからである。知識や技能を司る脳の新皮質に対し、古い皮質が中心となる意欲・志・情熱が働かなければ何も始まらない。だからこそ、対立的かつ並立的に感性と知性が相互作用し合う「感性と知性の協創」の中に、芸術の重要性が存在するというのである[注3]。

　そのような芸術のうち、音を媒介として「芸術の知」を主たる学びの対象とするのが音楽科教育である。小学校学習指導要領は、その目標を「表現及び鑑賞の活動を通して、音楽を愛好する心情と音楽に対する感性を育てるとともに、音楽活動の基礎的な能力を培い、豊かな情操を養う」こととしている。また、中学校音楽科の目標は、これをベースに「音楽文化」に関する記述が加えられたものである[注4]。

　具体的には、表現や鑑賞の活動において、音楽の諸要素の働きに注目（知覚）しながら感じ取ったり（感受）、その文化的な背景を理解したりすることを通して、子どもたち自身が音楽を価値づけていくことになる。そして、そのような活動が子どもたちによって主体的に展開される中で、彼らの学習内容への興味・関心に動機づけられて、自然と音楽表現の技能も身についていくということが求められるのである。

時代の要請に応えて

　さらに今後は、このような音楽科の本質的な学びを、「社会に開かれた教育課程」として実現していかねばならない[注5]。

　「学力を育成する資質・能力の要素の全体像を捉える枠組み」を示した石井は、「教科等の枠づけの中での学習」に加え「学習の枠づけ自体を学習者たちが決定・再構成する学習」の位置づけとその重要性を指摘している[注6]。子どもが、教師の教材研究と同じようなレベルで現実世界の問題に向き合い、教科の学習課題に変換し、仮説や問いを立てる活動をも視野に入れているのである。また、学習活動を振り返り、意味づけることとあわせて、単元展開を生活から科学への「わたり」だけでなく、科学から生活への「もどり」も保障するよう求めている。そして、そのような学習を、個人的意義や切実さが感じられる有意義なものとして、本質的な問いが深められる「真正の学習（authentic learning）」とすることに、教育の課題があるというのである[注7]。

学びのプロデューサーとして

　このような時代の転換期に音楽の授業をつくっていかねばならないことを、あなたはどう感じるだろうか？　真似るべきモデルもなさそうな苦しい時代になったとため息が出るだろうか？　それとも、新しいチャレンジができるおもしろい時代になったとワクワクするだろうか？　おそらく、これからの教員には、このような状況にワクワクできる子どもたちを育てることが求められているのである。

　どの教科でも同様のチャレンジが求められる小学校の教員はより大変かもしれない。しかし、頼まなくても人々の生活の中に根づいていき、生涯の趣味にする人も少なくない音楽という魅力的な媒体で学びを構成すればよいのである。むしろ、これまでの学習が不自由すぎたと考えることはできないだろうか？

　音楽科の学びのプロデューサーとして、臆することなく「子どもたちにとって切実で意味がある学びとは何か」から考えていってほしい。そこがしっかりしていれば、音楽を教材とする以上、彼らの感性的な認識の能力も自然と育まれていくはずである。

> **考えてみよう・やってみよう**
> 　音楽科の授業を担当する上で不安なことを互いに出し合い、そこに実践的な工夫や準備で解決できそうなことがないか考えてみよう。

【注5】2018月に報告された中央教育審議会初等中等教育分科会教育課程部会「次期学習指導要領等に向けたこれまでの審議のまとめ」では、「新しい学習指導要領等においては、教育課程を通じて、子どもたちが変化の激しい社会を生きるために必要な力の育成をめざしていくこと、社会との連携・協働を重視しながら学校の特色づくりを図っていくこと、現実の社会との関わりの中で豊かな学びを実現していくこと」が求められている。

【注6】石井英真（2015）『今求められる学力と学びとは―コンピテンシー・ベースのカリキュラムの光と影―』日本標準，p.23

【注7】石井英真（2016）「コンピテンシー・ベースの教育課程と教科教育の課題」日本学校音楽教育実践学会第21回全国大会課題研究資料

41 社会に貢献する教科として
～ESDの視点から～

子どもに思考させる学習

ESD（Education for Sustainable Development）「持続可能な開発のための教育」が、近年注目されている。宮下によれば、音楽科における学びをESDに対応したものにするためには、それが「これからの長い人生において、持続可能な社会づくりに貢献していくために必要な能力であること」を子どもたちに納得させればよく、「現行の学習指導要領の内容に、新たに何かを加えて学習指導する」必要はないという。そして、具体的な方法として、子どもに「思考させること」の重要性を指摘している[注1]。

さらに宮下は、中・高等学校音楽科の鑑賞活動におけるESDに関する研究を進め、すでにいくつかの学習モデルを提案している。例えば、中学生を対象に「音楽の素材としての音」を指導内容とする学習では、「日本人が大切にしてきた音や音環境を調べてみましょう。そしてなぜ大切にしてきたのかを考え、これからも音環境を保全するために、私たちができることは何かを話し合ってみましょう。」という「思考させるテーマ」が示されている。

一方で、これらの学習の評価については、子どもの生涯にわたって生きて働く力とするため、一題材の目標として評価して終わらせるのではなく、長期的な視野をもって何度も評価していく「方向目標」のような捉え方が必要であるとも指摘している。そして、音楽科の学習内容を担保した上で、さらに「持続可能な社会づくり」という目標へ結合されることで、それは、より説得力をもった学習として機能することになるというのである。

「持続可能な社会づくり」に向けて

ただ、このような授業の実践にあたっては、学習のまとめにあたる部分で子どもたちに「思考させた」流れを特定の結論へと過度に方向づけないように気をつけたい。アクティブ・ラーニングとして、ESDに子どもの主体的な学びを保障するためには、道徳的な結論ありきではな

【注1】宮下俊也（2015）『ESDとしての音楽鑑賞授業実践ガイドブック「ESDとしての音楽鑑賞指導ガイド」（中学校音楽・高等学校芸術科音楽編）授業実践事例（高等学校芸術科音楽編）』平成24～26年科学研究費補助金・基盤研究 ©研究成果報告書

く、そもそも、なぜ「持続可能な社会づくり」を目標としなければいけ
ないのか、実現可能なのかといった根本的な疑問から始めるべきかもし
れない。

　例えば、陸地が海に沈もうとしている国や発展途上の国の人々からす
れば、このような事態を招いたのは一体誰の責任なのかという思いがあ
って当然である。酷なことだが、子どもたち同士が互いの立ち位置を認
識することからしか未来は変わらないだろう。他人事でない問題意識を
伴う学びが、ESD で重視される七つの能力・態度（①批判的に考える
力、②未来像を予測して計画を立てる力、③多面的、総合的に考える
力、④コミュニケーションを行う力、⑤他者と協力する態度、⑥つなが
りを尊重する態度、⑦進んで参加する態度[注2]）育成の基盤になり、21
世紀の世界を生きる子どもたちの意識や行動を変えていくと信じたい。

音楽科の学びを補完する

　では、音楽科における表現活動を ESD の学びとするには、どのよう
な展開が考えられるだろうか。当然のことながら、子どもたちが、歌っ
たり、楽器を演奏したり、音楽を創作したりすることの意味を考える活
動が含まれていなければならない。そして、その意味ある表現を、より
効果的な音楽にするためにイメージを働かせ、具体的に音を出しながら
試行錯誤することを通して、音楽表現を工夫していくように展開させる
のである。そのような活動に子どもたち自身が主体的に取り組み、深く
学んだという実感が伴ったとき、それは ESD の求める生涯に生きて働
く学びとなることが期待できる。

　なお、音楽科の学びそのものである音楽表現の工夫とその効果の確認
については、個別性のある子どもたち個々の感性に照らして行わせた
い。その上で、それを集団による表現としてまとめたり、表現する意味
に照らした効果を考えたりする際には、子ども同士の学び合いが生まれ
るように学習を展開させていく。

　まずは、子どもたち自身が「やってみたい」と動機づけられる「思考
させるテーマ」を準備することである。成功すれば、音楽的経験の意味
と効果について十分学ばせてこなかった音楽科教育の足りないピースを
埋めることにもなるだろう。

【注2】国立教育政策研究所教育課程研究センター（2012）「学校における持続可能な発展のための教育（ESD）に関する研究〔最終報告書〕」, p.9

┌─ **考えてみよう・やってみよう** ─────────────
│　音楽科教育における ESD、教科横断的な ESD、学校全体で取り組む
│　ESD のそれぞれにおける「思考させるテーマ」を考えてみよう。
└────────────────────────────────

第3章　誰がために鐘（チャイム）は鳴る　　155

42 子どもの「今ここ」に届けるために
〜ポピュラー音楽を教材にしてみると〜

ポピュラー音楽だからこそ学べること

　ポピュラー音楽が、教材として、他の音楽より優先的に扱われるべき理由はいくつもある。例えば、長くて複雑な交響曲や聞き慣れない日本伝統音楽と比べてみても、身近な愛好物から疎遠なものへ、具体から抽象へ、易から難へ、遊びから学びへという順での発展が自然であることは明らかである。

　では、実際に教材とするにあたり、ポピュラー音楽ならではの特徴を生かすことで、どのような学習が構成できるだろうか。ここでは、音響としての音楽表現そのもの（テクスト）と、その背景・文脈（コンテクスト）の二つの方向から学習を構成した例を紹介する。

表現的特質（テクスト）に注目する

　まず、音そのものの特徴に関することとして、例えば、その歌い方に注目してみよう。

　音楽の授業における歌唱活動としては、歌おうとする楽曲の楽譜を開き、そこに記された音高や音価を再現していくような展開が一般的であろう。そして、なるべく「よい声」で、教室によく響くように歌うことが推奨される。しかし、ポピュラー音楽ならではの表現について改めて考えてみると、そのような指導が当たり前とは言い切れない異なる学びの可能性が見えてくる。

　マイクを使うポピュラー音楽のヴォーカリストたちは、生声での表現という条件に縛られていない。その結果、各種エフェクトで調整可能な音の大きさや響きの量より、声の質やその味わいの変化が重視されることになる。音程の面でも「しゃくり」やヴィブラート等の微細な変化が積極的に使用されながら、個性的な表現が形づくられている。

　このようなポピュラー音楽の歌い方（歌われ方）の特徴に注目し、学ぼうとすると、発声の方法や音程の取り方も、これまでの音楽の授業で普通に展開されてきたやり方ではカバーしきれなくなる。何らかの新たな学習が必要になってくる。

（1）音程面の特徴から

　そこで、二つの可能性を示しておきたい。まずは、音程面の特徴に学ぶ例として、微細な音程変化パターンを使った実践事例を挙げておく。

学習展開例 No.1[注1]

① ヴォーカリストの歌唱表現の音声解析例を視聴する。
② 特徴的な音程変化の様相を微細な音程変化パターンに類型化する。
③ 音程変化パターンの組み合わせを工夫した自分なりの表現を歌唱計画表に書き込む。
④ 歌唱計画の表現に向けて、技能面の課題に挑戦する。
⑤ 歌唱計画表にみられる工夫を確認・相互評価する。

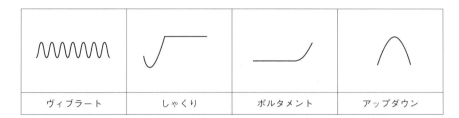

　ここで注目する音程変化は、半音よりも微細で曲線的に変化するものである。そこには、サウンドそのものに価値が存在するポピュラー音楽の特質が反映されており、楽譜をみながら、そこに記された音の高さのとおりまっすぐ伸ばしていくような歌唱表現に対する素朴な理解は覆される。

　もちろん、表現に伴う技能的な難度は上がるが、この活動の眼目は技能的な達成というところにはない。誰かの指示に従って表現を実現するのではなく、子どもが普段からのめり込んで聴いているポピュラー音楽のボーカル表現のイメージに照らしながら、自分の感性のままに、主体的に表現を工夫していくところにこそ意義がある。

　歌唱計画の立案に向けて、試行錯誤しながら自分なりの結論を出す過程で音楽的な思考が働くのである。その意味で、**学習展開例 No.1**の③に示した計画を立てる活動が最も重要であり、難しければ④の活動はオプションでも構わない。

　このように、自分の表現をつくり出していく活動として展開すれば、その曲を歌うプロの歌手の表現でさえ、お手本でも正解でもなくなる。答えのない課題に取り組む経験を通して、創造性が試され、養われていくのである。

【注1】この学習展開については、次の報告に詳しい。吉村治広（2003）「ポップスの教材としての可能性」『学校音楽教育実践シリーズ5 思春期の発達的特性と音楽教育』音楽之友社，pp.149-155
　なお、左の表に例示した四つの音程変化パターンのうち、短時間で曲線的に音程を取る「アップダウン」は、技能的に難しく使用頻度も低いため、必要に応じて扱うことが望ましい。

（2）音質面の特徴から

　次に、音質面の特徴に学ぶ例として、異なる音場で歌わせることで、異なる表現の可能性に気づかせる方法を紹介する。ただし、この方法では、異なる音場を経験させるため、（できれば子ども1人に1台の）タブレット端末が必要となる。

　例えば、イヤフォンをつけながら iPad の GarageBand というアプリを使用して歌う場合、伴奏トラックの再生音とともにモニターされた自分の声が聞こえてくる。各トラックには、リバーブやコーラスといったエフェクトもかけられるため、まさにカラオケでマイクを使っているような状態になる。

　そして、そのような状態になるだけで、音楽室で出しているような大きな声や響きのある声を出そうとするものはまずいなくなる。伴奏トラックの音量とのバランスをとりながら、これまでに聴いてきた近い音楽表現のイメージに寄せていこうとするからである。

　さらに、原曲のボーカリストの表現をまねさせたり、（ボーカル入りの）原曲のトラックに合わせてハモらせたりすることで、ポピュラー音楽に適した声を工夫して出すことが当たり前の活動になる。

学習展開例 No.2[注2]

　①曲のカラオケが流れる GarageBand の伴奏トラックに合わせて歌う。
　②使用するエフェクトの種類や量にも工夫しながら歌を録音する。
　③原曲の歌手の表現を真似て歌ってみる。
　④原曲のトラックに重ねて、ハモりパートを歌い録音する。
　⑤必要に応じて、録音を追加しながら、自分の声による多重録音作品として調整・制作する。

　上に示した**学習展開例 No.2**のうち、①③の活動は教室環境の制約によらず最も手軽に実践できるものである。一方、②④⑤の活動は、録音機能を利用するものであり、これらを大人数で一斉に行う場合には、近くの人の声が録音に入り込まない程度に離れて実施できるスペースが必要になる。

　しかし、録音機能を利用できれば、自分自身が客観的に振り返りながら表現を工夫していける。また、部分的な録音のやり直し（修正）も可能であり、生演奏で強いられるやり直しのきかない緊張感にとらわれることなく、自分の理想に近い音響作品をよりスピーディーに制作することもできる。

【注2】この学習展開については、次の研究でも報告している。吉村治広（2013）「タブレット端末がもたらす音楽科の学びの可能性― iPad とハモる経験を通して―」『学校音楽教育研究』日本学校音楽教育実践学会編，第17巻，pp.158-159

コントロールされた音場での活動の質が高まるほど、学びの質は高まるが、教室環境や対象とする子どもの状況に合わせて、活動内容を選択することになるだろう。

背景（コンテクスト）に注目する

では、ポピュラー音楽の文化的背景に注目すると、どのような学習が構成できるだろうか。同時代の音楽ならではの特徴のうち、子どもが憧れたり共感できたりする要素を取り入れられれば理想的である。再び、歌い方に注目し、その様式美の違いに学ぶ展開を紹介する。

学習展開例 No.3

① NHK学校音楽コンクール出場校が課題曲を歌う様子とPS22 Chorus[注3]がレディ・ガガの曲をステージ発表する様子を比較視聴する。
②どちらの演奏が気に入ったか、また、そう感じた理由について考える。
③グループで意見を交流し、二つの演奏の背景にある文化的な差異について考える。

【注3】グレッグ・ブレインバーグが指導するニューヨークの公立小学校のコーラス隊。ネット上にも多くのパフォーマンスが公開されている。

二つの演奏を比較すると、なぜ、日本では行儀よく合唱しなければならないのかという素朴な疑問が浮かび上がってくる。これらの演奏はコンクールと発表会という場の違いがあり、子どもたちの動機も目的意識も異なっている。しかし、授業の内外、学校の内外を問わず、日本における一般的な合唱演奏のスタイルは明らかに前者に近い。

特定の様式美に照らして優劣を競う合唱コンクールの参加者は、単にクラシック音楽の伝統やマナーに従っているだけなのかもしれない。しかし、音楽の授業において、感じたままに動こうとする子どもの衝動と、互いの息やピッチを正確に合わせることのどちらを優先すべきだろうか。言い換えれば、音楽的な感受と技能的な達成のどちらを重視すべきかということである。

もちろん程度問題でもあろう。ただ、限られた時間で展開される公教育として、別のアプローチの可能性を子どもたちとともに探ること自体に意味があり、新たな学びへの発展が見込まれるのである

> **考えてみよう・やってみよう**
> 学習展開例 No.3の活動を踏まえ、あなたはクラスのみんなとどんな歌をどのように歌いたいか？ 今の気持ちを自由に書いてみよう。

43 音楽嗜好を活用する前に
〜「よさと好みの切断」から〜

思い入れがあるからこそ発生する感情的な衝突

　最近になってようやく、筆者のまわりで、子どもたちに自らの興味の
ある音楽について語らせようとする授業実践を目にすることが増えてき
た。例えば、ドイツでの子どもの音楽嗜好をワッペンに表現させるとい
う授業実践を参考に、中学生に「自分の音楽史」を語らせようとする院
生の取り組みがあった。また、「友達のイメージにあう曲をプレゼント
しよう」をテーマに、生徒がよく知る曲のリストと音源を準備して交流
させる別の院生の取り組みもあった。あるいは、教育実習生が学活の授
業で「こんなときにはこんな曲」をテーマに、生徒同士でお薦めの曲の
音源を紹介させあう例も耳にした。

　どの実践も、子どもたちに語りたいという思いをもたせることには大
いに成功している。しかし、音楽科の学習成果という点からみると、そ
の思いを十分に生かせたとはいえないところで終わってしまう。実は、
思い入れの強い音楽について語り出すと、誰もが饒舌になり、その交流
に予想以上の時間がかかる。そのことが、与えられた時間に制限のある
ゲストティーチャーには諸刃の剣となり、子どもたちの満足する活動内
容を保障しにくくするのである。せっかくの盛り上がりが互いの音楽嗜
好を知るレベルに留まり、消化不良感の残る結果となる。それを避ける
上でも音楽的な学びにいたる明確なビジョンが不可欠なものとなる。

　そして何より、極めて個人的な感情である音楽嗜好を交流の話題とし
ていることに十分配慮しなければならない。それを他人から云々されれ
ば誰しも気分が悪くなる。宮台も指摘するとおり、憎しみや喜びといっ
た感情は「訪れて」しまうものであり、「感情しない」ことはできない
[注1]。だからこそ、個人的な音楽嗜好は学習活動を動機づける貴重な資
源に間違いないが、学習する内容そのものとはなり得ないのである。

【注1】宮台真司・速水由紀子（2006）『サイファ覚醒せよ！─世界の新解読バイブル』ちくま文庫

衝突回避の条件となる「よさと好みの切断」

　音楽嗜好を動力源としながら、子ども同士の感情的な衝突を回避する
ためには、音楽に対する「嗜好（好み）」が人それぞれであり、音楽科

の学習内容となる「価値（よさ）」の理解や「価値づけ」とは全く別の
ものであることを意識づけなければならない。そのためには、主観的な
感情である「好み」を一旦脇に置かせ、できるだけ冷静に、客観的な立
場から音楽に向き合わせる経験をさせる必要がある。例えば、嫌われる
曲を教材として、その原因を探ることをテーマとするような学習が考え
られる。桑田佳祐の《東京》は、かつて高校生を対象に実施した音楽嗜
好調査において、その平均得点が5点満点中2点台の低い評価であった。

学習展開例[注2]

 ①嫌われたポイントを探るため、《東京》の音楽的特徴について、旋
  律・コード進行・速度・歌詞・曲調・アレンジの別に注目していく。
 ②さらに、東京に対するイメージとの違いや歌手の声・歌い方・ルッ
  クス・キャラクターにも注目する。
 ③《東京》が高校生に嫌われた理由を考え、グループで検討する。
 ④《東京》が売れた理由についてグループで検討する。
 ⑤《東京》の「よさ」の可能性を考え、価値づけの多様性を確認する。

【注2】この実践については、次の研究等でも報告している。吉村治広（2005）「生徒の興味関心に根ざした芸術科音楽指導法の研究－ポピュラー音楽を教材とする授業を通して－」『研究紀要110号』福井県教育研究所, pp.127-132

 具体的に嫌われるポイントを探す①②の活動を通して、子どもたち
は、この曲の「遅さ」、曲調や歌詞の「暗さ」に問題がありそうなこと
に気づいてくる。一方、④の活動では、ＣＤを買った大人の気持ちにな
って、この曲が大勢の人から支持された理由について考える。すると、
「今の自分にはわからないけれど、年をとってつらいことがあると共感
できるようになるのではないか」といった意見が出てくる。もちろん、
完全な客観などあり得ないが、全く別の立場を想像させることで、彼ら
は主観的な判断をなるべくしないように努めるのである。その結果、
「遅さ」は「落ち着き」として、「暗さ」は「深み」として肯定的に捉え
直されることになる。
 このような学習を通して、音楽の「よさ」と「好み」が別のものであ
り、「よさ」には多様な価値づけがあり得ると理解させることができ
る。この「よさと好みの切断」の達成により、音楽嗜好を動力源とする
生き生きとした音楽科の学びが実現可能となるのである。

> **考えてみよう・やってみよう**
> あなた自身は嫌いでありながら、その価値を認めざるを得ない音楽を
> 挙げてほしい。なぜそう思ったのだろうか。

第3章 誰がために鐘（チャイム）は鳴る

44 価値観の拡大に向けて
～とらわれている自分に気づく～

「学校推し」の音楽に迫る危機

　「何を教えるのか」だけを示していた学習指導要領が「どのように」「どんな力をつけるのか」をも示すものに変わろうとしている。「何を教えるのか」については、これまでも、学習指導要領改訂が音楽科の実践研究に新たなトレンドを生む契機となってきた。西洋古典音楽に偏重した教育内容を是正する流れとして、現代音楽や諸民族の音楽が注目されたこともあるし、近年では日本の伝統音楽やわらべうたが見直されてもいる。ただ、子どもの立場からすれば、これらはほとんど学校でしか触れる機会のなかったいわば「学校推し」の音楽である。長年にわたって教育実践現場で扱われ続け、いつの間にか、教材としてはもちろん、音楽的にも「価値あるもの」として揺るぎない地位が築かれてきた音楽ともいえるだろう。

　ところが、これからは「どのように」「どんな力をつけるのか」も問われ、能動的な学び方、即ち、アクティブ・ラーニングの展開が珍しくなくなる。すると、その学習の過程や目的において、これまで検証されることなく受け入れられてきた音楽的理解の一つひとつ、例えば「高尚で芸術的」なクラシック音楽や「受け継いでいくべき」日本伝統音楽といったステレオタイプの認識が根本から問い直されることになる。もちろん、そこに結論めいた「正解」があるわけではない。重要なことは、どのように音楽に対する価値意識が働き、それを取り巻く社会状況が生成されているかを子どもたち自身が考え、彼らなりに理解するような学びが求められていくということである。

　そして、このような教育実践が積み重ねられれば、これまで無意識に価値づけられ高止まっていた「学校推し」の音楽の地位は相対的に低下することになるだろう。しかし、音楽教育関係者の多くはそのような変化の可能性に楽観的、ないしは気づいていないようである。実際、これまでのほとんどすべての実践研究が「学校推し」の音楽を前提にしたものとなっており、子どもが好む、いわば「子ども推し」の音楽にあまり価値が認められていない。そもそも、それを教材としても、音楽の種類

が違うだけで、例えば「わらべうた」から得られる学びと大差ないと考えられていることさえ少なくないのである。結局、そのような大人の価値観が、音楽科の学習に枠をはめ、「子ども推し」の音楽と「学校推し」の音楽を断絶させ続けてきたのである。

「学校推し」の限界

　幼児や低学年の児童であれば、単純な「わらべうた」を飽きることなく楽しむこともできる。そこに教材としての「わらべうた」の価値の源泉がある。しかし、彼らのその状態がずっと続くわけではない。やがては別の音楽へと興味の対象が移り変わっていくのである。

　教育学部の授業において、学生92名に長唄《勧進帳》、初音ミク《FREELY TOMORROW》、Perfume《1mm》の3曲を比較聴取させ、それらの存在価値を順位づけさせたことがある。結果、55％の学生がPerfumeの曲を1位にランクする一方、同じく55％の学生が長唄を3位にランクしていた。つまり、まさに近年、「学校推し」の音楽のトレンドとなっている日本伝統音楽が、学生から最も存在価値がないとされたのである。ちなみに、長唄を1位にランクした学生は24％であったが、その理由は「長唄もいいとは言えなかったけれど」「加工されていない生歌だから」「編集されていないから」等、他の2曲と比べ、消去法で選ばれたものも多かった。

　一方、長唄の存在価値を積極的に評価する意見としては、「歴史的背景？があって文化的な面で未来に継承すべきものだと感じたから」「教材としても多面的に使えるため」「きいていて意味とかに興味がわいてくるので」等があった。ただ、これら少数の意見も、長唄に音楽そのものの魅力を感じて挙げたというより、その文化的価値や教材としての価値に注目したものといえるだろう。

　結局のところ、これまで日本伝統音楽を教材とする授業を受けてきたはずの学生が、長唄にあまり価値を見いだしておらず、魅力を感じていないのである。このように、いくら和楽器を必修化して、長唄のような日本伝統音楽を推したところで、現代の子どもたちが、それを学ぶ必然性を感じなければ、むしろ逆効果でしかない。また、物珍しさで動機づけに成功しても、活動しただけでは音楽科の学びとはいえない。学校が推したい音楽であれば尚のこと、その音楽を子どもたち自身の手で価値づけさせない限り、それは上からの価値観の押しつけに過ぎず、簡単に剥がれ落ちるのである。

第3章　誰がために鐘（チャイム）は鳴る　　163

学校的な価値と子どもの本音

　学校という場で実践される教育だからこそ、そこには学校的な価値が反映される。音楽科においても、教材としての音楽の適性が学校的な価値に照らして選択されることになる。例えば、花鳥風月を歌った無難な歌詞、伝統文化の尊重、道徳的な規範に沿うことなどがよしとされる。しかし、そのような価値観のみで世界が覆われているわけではない。だからこそ、音楽科の授業が、本音と建前を分けてコミュニケーションするような作法を学んで終わってしまってはもったいない。学校的な価値を超えるような表現の多様性や文化の多様性、そして価値観の多様性に気づかせることにこそ、音楽科の重要な学びの意味がある。

　例えば、次のような歌詞に顔をしかめる教師は多いかもしれない。

　終わらない 終わらない
　ぜーんぜんぜんぜん終わらない
　8月最終日の宿題！

　てきとにやってもしょうがない でも
　てきとにやるしかしょうがない
　とりあえずひたすらかきまくれー‼

　わからない わからない
　ぜーんぜんぜんぜんわからない
　もう少し手加減してよ宿題！

　誰かのせいにはしたくない でも
　自分のせいにはしたくない
　残り80枚！
　終わらない宿題

作詞　前山田健一
ももいろクローバーZ《ワニとシャンプー》より

　ここには、夏休みに子どもたちに配付される課題冊子が「夏休みの友」とネーミングされるような学校的な価値とは対照的な子ども側の本音が表現されている。原曲は、サンバ・ディスコ風にアレンジされた音楽に乗って、アイドルグループが歌い踊るものである。そのユニークな表現を通して、学校と自分の滑稽な関係性が自覚され、共感が生まれ

る。そこに学校的な建前を越えた自分たちの本音が表現されていると感じられることで、子どもたちの心は解放される。そのような音楽が、学校的な価値を体現している「学校推し」の音楽には難しい学校的な価値の相対化までをも射程に入れることができるのである。

「主体的・対話的」な学びを通して

　これまで当然と思っていたことが、そうではないことに気づいた経験は誰にでもあるだろう。何かにとらわれていた自分が解放され、価値観が転換したり、より高次の視点から捉え直したりすることは貴重な学びの経験となる。そのためには、まず自分なりの考えをもつ必要がある。それを別の意見とぶつけ合うことが学びの契機となるからである。

　次期学習指導要領で求められている「主体的・対話的で深い学び」を実現するためには、「語りたい」とうずうずしているような主体同士を反応させる手立てが必要となる。その意味で、前述した《ワニとシャンプー》の歌詞には、学習を動機づけ、真のコミュニケーションを生む要素が含まれてもいるのである。一方で、そのような要素は、あくまでも音楽科の学習を広げる可能性として存在しているに過ぎない。結局、それをどのような視点から語り合わせ、学習を構成するのかが構想できなければ教材として活用できないのである。しかし、それができたときには、その「対話的な学び」は、価値観を更新するようなレベルの「深い学び」となっているはずである。

　いよいよこれから、「どのように」「どんな力をつけるのか」が問われてくる。教師自身がこれまでの授業実践を振り返り、見通しをもって粘り強く取り組む「主体的な学び」を実践しなければ、教師としての成長が見込めず、立ち行かなくなるかもしれない。音楽科においては、教師自身が音楽観を相対化した上で、子どもたちとの学習活動を「対話的な学び」の機会と捉え、自らの価値観の偏りに常に自覚的であろうとする態度が欠かせなくなるだろう。

考えてみよう・やってみよう

　ある合唱コンクールの課題曲が子どもたちに人気のアーティストによってつくられることに対し、合唱指導者から「なぜ、ポップスなのか」「多感な中学生が本気で向き合える合唱曲にしてほしい」「純然たる合唱曲を！」等の声が出たという[注]。このような意見に対し、賛成・反対の両方の立場から、それぞれの主張を展開してみよう。

【注】『教育音楽 中学・高校版 2010年8月号』音楽之友社，p.86に掲載された報告による。

第3章　誰がために鐘（チャイム）は鳴る　　165

45 技能指導の前提
〜どの程度上手ければよいのか？〜

完璧な演奏こそ理想？

　「音楽表現の技能」が音楽科の学習における評価の観点の一つとなっているとおり、音楽の表現において「技能」が大きな役割を果たすことは言うまでもない。ただ、音楽科を担当する教員のほとんどが、必要以上にそれを重視するきらいがある。若尾が、子どもの音楽を「よりうまい音楽に至る途上のもの」と捉える限り、結局、どこまでいっても満足することはできないと指摘するように[注1]、ゴールも設定せず、とりあえず技能を追求していく教員の意識に問題はないだろうか。一体、どれだけ演奏が上手ければ、満足できるのだろうか。

　完璧な演奏が実現できたと思えた（教員が？子どもが？）ときだろうか。それとも、誰かがそう評価してくれたときだろうか。あるいは、フィギュアスケートの採点と同様に、意識の高い？教員ほど、難度の高い技をミスなく演じるだけでなく、芸術性の高さも求めているのかもしれない。しかし、少なくとも公教育において、そのような、いわば「子ども離れ」した演奏を子どもに求めることに、どのような意味があるのだろうか。そして、苦労の末にそのような演奏が実現できたとして、それは真に魅力的な表現といえるだろうか。

　例えば、将棋のプロ棋士の羽生善治は、AIの進歩と棋士の存在価値について、作曲プログラム「エミー」が作曲したバッハ風の曲が、研究者の作曲した曲よりバッハ風に聞こえたにもかかわらず、それを量産しても大変評判が悪かったことを引用しながら、「ある種の人間がコンピュータやソフトに対して感じるアレルギーというのは、想像しているよりも大きい」とした上で、「ここまでは受け入れられて、ここからは受け入れられないというラインが、技術の進歩とは別のところにあると思うのです」と述べている[注2]。

　ここには、表現された内容の評価において、人間のパフォーマンスであるという前提が決定的に重要になるという考え方が示されている。そうであれば、同じ演奏であっても、それが機械の演奏だと認識された途端、その評価は一変することにもなるだろう。人間の演奏として聴くか

【注1】若尾裕（2014）『親のための新しい音楽の教科書』サボテン書房，p.117

【注2】大川慎太郎（2016）『不屈の棋士』講談社，pp.58-62

らこそ、演奏の完璧に近い部分に、演奏者の誠実さや努力といった「精神性」や「幸運」が感じられたり、どうしても残る完璧ではない部分に、独特の「味」が感じ取られたりするのかもしれない。

ましてや、子どもの演奏である。音楽科の学習で評価されるべき「技能」は、教員の理想に子どもの表現を近づけるためのものではなく、子ども自身が主体的に生きて働かせた力として獲得されなければならない。音楽を通して子ども（人間）を育てる音楽科教育であればこそ、教員には、その表現の「未熟」さをも、子どもならではの表現の「味」として受け入れるような寛容さがあって然るべきだろう。

点数化して比べてみると……

音楽コンクールは音楽表現の出来に順位をつけるものである。学校においても、そこで「勝つ」ことを目標にがんばっているクラブ活動があったり、校内合唱コンクールが開かれていたりする。競争の原理が働くことで参加者が動機づけられ、結果として全体的な演奏レベルが向上することも事実だろう。しかし、本来、各個人の感性によって捉えられ、主観的に評価される「質」的な音楽表現を数値化し、序列化するということ自体、不自然かつ不合理な行為といえる。そのような不毛さは、採点する側にまわってみることで体験的に理解することができる。

例えば、あなたが校内合唱コンクールの審査員になったとしよう。できるだけ公平な審査をするのに、「声の大きさ」「ハーモニーの美しさ」「表現力」「一体感」「演奏のマナー」といった点に加え、「聴いているときの態度」や「練習態度」までをも評価したいと思うかもしれない。そのような具体的に重視したいポイントをイメージした上で、p.159の「学習展開例 No.3」で挙げた二つの演奏を聴き比べて点数をつけてほしい。実際に点をつけてみて、公平に採点することの難しさが感じられなかっただろうか。採点ポイントを見直したり、重みづけを変えたりしたくはならなかっただろうか。

あるいは、コルトーとポリーニによるショパンのエチュードの演奏を聴き比べて点数をつけてみよう。低い点数をつけた方の演奏には音楽としての価値がないことになるだろうか。何点以上なら、価値ある音楽といえるだろうか。さらには、「歌へた」な芸人が音程を外しながらも思い入れたっぷりに歌う尾崎豊の歌にあなたは何点をつけるだろうか。

「音程」へのこだわり

テレビのバラエティ番組などで、「しゃくり」や「ヴィブラート」な

どの微細な変化を含めた「音程」の表現技能を主な判定項目とするカラオケの採点機能を利用して歌の優劣を競わせる企画を目にすることがある。実力を証明したい「実力派」の歌手や一般参加者などが出演し、高得点の争いを展開している。必ずしもプロの歌手が有利というわけではなく、カラオケの採点機能に応じた選曲や対策が功を奏せば、それほど魅力的と感じられない歌が高得点を出して「勝つ」こともあり得る。ここで重視される「音程」は音楽表現の一つの要素に過ぎないからであるが、判定がブレないはずの機械が数値化した採点結果は、それがすべてであるかのような説得力を持っている。結果として、その勝者は「歌の上手い人」として一般に認識されることになる。

　そのような状況の中、アイドルがテレビの生放送で、機器の不調等により、著しく音程が不安定な歌を披露するような「事故」は、あってはならないこととして受けとめられる。ところが、この様子をみた学生たちは、意外にも、その音楽表現の技能について正面から批判することはなかった。p.170でも紹介するとおり、彼らは「音程」の正しさを歌唱表現における最重要ポイントと考えているにもかかわらずである。「健気にがんばった」「最後までよくやった」「アイドルのすごさを感じた」等、自分がその立場だったらと想像し、同情する声が多数出た。彼らによれば、アイドルにはある程度の歌唱力があればそれでよく、歌唱力があり過ぎると逆に引いてしまうというのである。つまり、アイドルによる音楽表現の価値は、「音程」の正しさに代表されるような「技能」に集約されるものではないと捉えられているのである。

　そのような彼らは教員になったとき、子どもの演奏に何を求めるだろうか。彼らがアイドルの音楽表現の「技能」に向けた寛容な眼差しを、より親しいはずの目の前の子どもたちにも向けてもらいたい。

学校音楽の文化を支える技能
　しかしながら、実際の教育現場には様々な社会的な力が働いている。前任者が授業の内外を問わず熱心な技能指導を続けてきたような学校で、音楽科で本来求められる学びを展開していくには、それなりの覚悟がいる。例えば、表現を「練り上げる」ことに意欲的な教員が、自身の「技能」を働かせ、時間をかけて完成度を高めた音楽表現を音楽科の学習成果として発表していくうちに、保護者や職員を巻き込んだ「文化」が形成されることがある。すると多くの場合、音楽の専門教育と音楽科教育の目的の違いが理解されないまま、単純に守り続けるべきものと周りから認識され、いつの間にか他校との競争意識があおられる状況にも

なりかねない。子ども一人ひとりの感性的な認識の能力を育む音楽科の学びが見えにくい一方、集団による音楽表現の迫力や数字であらわされるような活動実績は誰にもわかりやすく、それ自体が子ども個々の身につけた能力の総体であるかのように誤解されやすいからである。よかれと思ってがんばっているはずが、その「文化」は子どもたち自身の学びから離れ、その学びを通して更新される機会も失われてしまうのである。

そのような硬直化した状況を改善し、「学び」と「文化」の理想的な両立を図るためにも音楽科本来の学びが必要になる。限られた学習時間の中、子どもたちに身につけてほしい力の一つである「技能」の内実は、学習全体のバランスに適う形で自然と定まってくるはずである。

多様な技能の実態を踏まえて

ここに述べてきた「技能」のイメージは、生身の体を使った行為を前提としたものである。しかし、電子的な音響メディアを通した音楽聴取が一般化している現在、楽譜をみながら表現を工夫するような活動のみが「技能」を学ぶ対象とはならない。増田が「楽譜─《痕跡》を主要なメディアとする音楽様式に適合した聴取を説明する音楽美学は、録音─《痕跡》に依拠する音楽の一般化によって生じる別の聴取をうまく取り扱えない[注3]」と指摘するように、録音を聴きながら表現を工夫するような活動（p.175参照）で生きる「技能」についても学ぶ必要がある。

さらに、井手口は、音楽科の学びに関係する多くの者が、実社会で繰り広げられている音楽実践に関心を払ってこなかったことを踏まえ、社会との乖離を埋め合わせるため、現在進行形で変化を続ける音楽文化に積極的に目を向けるとともに、テクノロジーの発展が学習観や音楽観に変容をもたらす事実を受け入れる必要があると指摘している[注4]。

例えば、ボーカロイドに歌わせて音楽を表現する際にも「技能」が必要になる。そこでは、生身の歌唱表現の経験を通して得られた「技能」も働くことになる。また逆に、ボーカロイドを歌わせた経験を通して得られた学びは、歌唱表現そのものへの意識を変えていくはずである。

このように、教員が扱うべき「技能」は、ICT を利用した表現を含む様々な音楽に広がっているのである。

【注3】増田聡（2006）『聴衆をつくる─音楽批評の解体文法』青土社，p.37

【注4】パネルディスカッションにおける井手口彰典の指摘が、深見友紀子（2014）「パネルディスカッション 音楽教育のソーシャライゼーションをめざして：社会と教室との断絶をどう解消するか（第45回大会報告）」『音楽教育学 第44巻第2号』，pp.75-79に報告されている。

考えてみよう・やってみよう

ドラマ「のだめカンタービレ」中の「マラドーナ・ピアノコンクール〜その後のシーン」を観て感じたことを自由に書いてみよう。

46 「音色」が不問にされている現実
〜どんな声で歌えばいいの？〜

《おぼろ月夜》の範唱音源づくりから

　音楽科の教員をめざす学生を対象とする教科教育法の授業で、「音色」の働きに注目する活動の導入として、歌唱共通教材《おぼろ月夜》[注1]の範唱音源づくりの課題を出したことがある。学生は、練習室に分かれ、それぞれが30分以内で iPad に歌声を録音して戻ってきた[注2]。やはり「範唱」音源という言葉がプレッシャーになったようで、録音されたどの歌声からも、これまで学んできた「声楽」の技能を生かして、よりよい演奏になるようがんばったことが伝わってきた。中には、ハモりパートを自作してコーラス作品にしたものもあった。

　さらに、戻った彼らに録音時の工夫や気になったことを尋ねたところ、全員が「音程」を正しく歌うことを最低の条件と捉えた上で、人によって「楽譜どおりに」「しっかりした声で」「ブレス」「言葉」「強弱」などが意識して歌われたことが確認された。ただ、声の「音色」に関して工夫をしたという声は誰からも聞かれなかった。

　これは、彼らがすでに身につけている技能が「声楽」的な発声による歌唱であり、子どもたちが真似をする「範唱」として、それが正しい、あるいは、とりあえず間違いないという意識が働いたからに他ならない。ところが世の中には、声楽家以外にも様々なジャンルの歌い手による《おぼろ月夜》が存在し、ＣＤなどの形で発表されてもいる。それぞれに様々な声の音色と表情があり、表現の工夫が感じられるものである。

歌唱表現における「音色」の工夫

　このように、彼らが歌唱表現をする際、「音色」を工夫しようとする意識が働いていない。これは、子どもたちの歌唱においても同様である。では、この事実を歌い手自身に気づかせるためにはどうしたらよいだろうか。もちろん、上記のような、様々なジャンルの歌い手による《おぼろ月夜》の表現を直接的に聴き比べることで、別の表現の可能性に気づかせることもできるだろう。しかし、それだけでは活動が受動的で、そのどれかの表現を真似るだけの活動に終わる危険性もある。やは

【注1】小学校6年生を対象とする歌唱共通教材。高野辰之 作詞、岡野貞一 作曲による。

【注2】アプリは多重録音ができる GarageBand を使用した。あらかじめ一つのトラックに録音しておいたピアノ伴奏をヘッドフォンで聴きながら歌い、その歌声を iPad 本体のマイクから別のトラックに録音する形をとった。

り、音楽科の学びとしては、感じられる「質」のイメージを実現するため、さらには、その作品に見いだした「よさ」を生かした表現に必要な工夫として、音楽の諸要素の一つである「音色」を操作することに気づかせたい。

　具体的な手立てとしては、《おぼろ月夜》でも他の曲でもよいので、「そのよさを最高に生かした何かをプロデュース」する実践[注3]を行うことが有効になる。その能動的な経験を経ることで、《おぼろ月夜》の音楽的な表現についても、タブーなく様々な工夫が考えられるようになるからである。

【注3】この実践についてはp.186を参照のこと。

　上記の実践を学生たちに実施した後、《おぼろ月夜》を再度録音したところ、歌い方が大きく変わったものと少し変わったものがあった。活動後に確認してみると、彼らのほぼ全員が曲の「素朴さ」や「のどかさ」を表現するのに、「声楽的」な表現から距離を置き、「親しみのある」「自然な」声で表現しようと考えていた。また、少ししか歌い方が変わらなかった場合も、そこに確かな意図があることが認められた。つまり、経験の乏しい「音色」を操作する技能面の課題が残ってくるのである。

声の個性と音楽科の学び

　そもそも、一人ひとりの「声」には特有の個性としての音色があり、それを生かした様々な表現の可能性があるはずである。したがって、これからの音楽科の学びのあり方としては、声の「音色」を含む表現の多様性を子どもたち自身が追究していき、教師がそれを支援するような形が本筋になって然るべきかもしれない。

　とは言え、これまでの「合唱」スタイルの表現も、すでに日本の学校教育、さらには、社会一般に広く根づいている。子どもたちにとっても、個性そのものであるむき出しの「声」を出すより、指示された発声法に従い、いわばつくった声を出している方が心理的な抵抗が少ないかもしれない。何より、音楽科の実践において、集団で歌う経験を積み、その効果を実感する方法としての「合唱」スタイルの有効性が否定されるものではない。「音色」を扱う場合と扱わない場合、それぞれの学びのよさを組み合わせながら実践を展開していくことが重要になる。

> **考えてみよう・やってみよう**
>
> 　様々な《おぼろ月夜》の歌唱表現を聴き比べ、最も気に入った声の音色のものを一つ選ぼう。あなたはそれを、誰とどこでどんなときに聴けたら幸せか？　自由にイメージを広げて考えてみよう。

第3章　誰がために鐘(チャイム)は鳴る　　171

47 「共通事項」を知覚するということ
～混同される「速度」と「リズム」～

「共通事項」の働きを窓口に

　音楽科の学習で注目すべき「音楽を形づくっている要素」を学習指導要領は「共通事項」[注1]と名づけており、小学校においては、「音色」「リズム」等の「音楽を特徴づけている要素」と「反復」「問いと答え」等の「音楽の仕組み」を合わせたものとして示している[注2]。したがって、子どもの経験や発達段階に合わせて、これらのどれかに注目させ、その特徴的な音の動き方に気づかせる（知覚させる）ことができなければ、音楽科の学習は始まらないし、指導にならないということになる。

　しかし、歌やピアノに自信がある学生ほど、教科教育の授業を受ける前の段階では、教科の学習方法や内容にあまり関心を払わず、自らの音楽科の活動イメージをなぞって、単純に子どもに演奏させればよいと考えていることも少なくない。これは、学校で音楽科の教育を受けてきた彼ら自身が、音楽の諸要素を知覚し、その働きを感受する（感じ取る）という学習の基本構造を体験的に理解していないということを意味する。つまり、そのような構造が、学び手に伝わらないように指導されているということになる。あるいは、音楽科の学習の核心が十分機能していない活動が行われていることの現れとはいえないだろうか。

特徴的な働きをしている「共通事項」に気づく力

　子どもに「共通事項」の働きに気づかせるためには、当然、教師自身がその働きについて理解していなければならない。しかし、学生に「速度」に特徴のある曲とそのポイントを探してくる課題を出してみると、「リズム」が細かくなる変化を「速度」が速くなったと誤って知覚するような者が相当数いるのが実情である。例えば、ベートーベン作曲《エリーゼのために》、ビゼー作曲《カルメン組曲　第1番前奏曲》、報道ステーションのオープニングテーマ曲だった《I am》等の曲の雰囲気が大きく変わる部分で、テンポが一定にもかかわらず速度が変化したと「知覚」してしまう。このように「速度」と「リズム」を混同する学生や特別な音楽的経験を持たない学生に対しては、メトロノームや手拍子

【注1】「共通事項」にはアとイがある。アでは「音楽を形づくっている要素」が示され、イでは音楽活動を通して理解することが求められる「身近な音符、休符、記号や音楽に関わる用語（小学校）」「用語や記号（中学校）」が示されている。ここで述べているのは、「共通事項ア」の指導に関する内容である。

【注2】小学校1・2年生における共通事項は次ページの表中に示したとおりである。3・4年生では、そこに「音の重なり」「音階や調」「変化」が加えられ、5・6年生で、さらに「和声の響き」「音楽の縦と横の関係」が加えられる。また、中学校においては、「音色」「リズム」「速度」「旋律」「テクスチュア」「強弱」「形式」「構成」と示されている。

に合わせることで、拍の間隔に変わりがないことを認識させる必要が出てくる。

　したがって、まずはすべての「共通事項」が意味する内容を理解することが、音楽科における基礎的な能力を身につける条件となる。そしてその上で、実際の曲の中で特徴的な働きをしている「共通事項」をみつけるような演習を行うことで、中等教育段階の学習に似た経験が得られるとともに、学習構成に必要な実践力が培われていく。

　小学校で指導が義務づけられている歌唱共通教材を例にとってみよう。1年生を対象とする《うみ》[注3]の楽譜をみながら音源を聴いて、この曲で指導したいと感じる特徴的な「共通事項」に○をつける（下表参照）。

【注3】小学校1年生を対象とする歌唱共通教材。林 柳波 作詞、井上武士 作曲による。

曲名	共通事項　ア
うみ	【音楽を特徴づけている要素】 〈低〉音色　リズム　速度　旋律　強弱　拍の流れ　フレーズ 【音楽の仕組み】 〈低〉反復　問いと答え

　《うみ》であれば、数少ない3拍子の曲であること、つまり「拍の流れ」がポイントになるが、最初のうちは、他の曲と比べての違いがわからないので、何がどの程度変わっていれば「特徴的」といえるのかの判断が難しい。実際、学生たちは「拍の流れ」に近い数の○を「音色」「速度」につけるのである。もちろん、この曲に相応しい「音色」や「速度」を考えてみようといった学習展開は常にあり得るし、3拍子をゆったりとした「速度」で演奏するような要素同士の関連の効果を学ぶ教材として《うみ》が適していることも間違いないだろう。曲によっては、その曲だからこそという明らかな特徴が複数挙げられることもある。つまり、このような活動のねらいは、正解と不正解の間に線を引くことではなく、様々な要素の働きを整理する体験を通して、「共通事項」という音楽を捉える多面的な枠組みを主体的に操作できるようにすることにある。

　本来、そのような力が子どもたちに育まれて初めて、子どもたちの表現や鑑賞の活動が彼ら自身のものになるのである。

考えてみよう・やってみよう

　歌唱共通教材のすべての曲について、その対象学年で学ぶ「共通事項」から、その曲で指導したいと感じる特徴的なものを選ぼう。

48 「テクスチュア」理解の方法
～「音楽の縦と横の関係」のおもしろさ～

足し算、引き算、かけ算の効果を俯瞰で捉える

　小学校音楽科における共通事項「音楽の縦と横の関係」は、「音の重なり方を縦、音楽における時間的な流れを横と考え、その縦と横の織りなす関係」をさすものとされる。また、中学校においては、様々な音と音との関わり合いを学ぶという意味の広がりを含む共通事項「テクスチュア」の学びにつながっていくものである。

　したがって、この共通事項の知覚にあたっては、音楽のある瞬間（縦）の表現に注目すればよいわけでなく、特定の要素の変化（横）だけを追えばよいわけでもないため、処理する情報が多くかつ動的になる分、その効果の理解が難しくなる。さらに、いくつものパート（横の流れ）を一人で表現することはできないため、通常、誰かと表現したものを振り返るという行為を通してしか、その効果を確かめることができない。多くの場合、教員が「こうしてみよう」とリードするいくつかのパターンを確認した後で「どっちがよかった」と聞かれるような活動の不自由さが生じるのである。そもそも、表現しながら客観的に聴くことはできない。録音して聴き比べることはできても、子ども一人ひとりの「こうしたい」という思いを反映することは不可能に近い。

　複数の横の流れを重ねて足してみたり、引いてみたり、一部を変化させたりしながら、それらの掛け合わさった効果を確認するためには、演奏全体を俯瞰できる指揮者の位置に立って演奏をコントロールするよりない。しかし、一人ひとりの試行錯誤を全員で確認していくことは難しく、およそ現実的とはいえないだろう。

ICT 教育という福音

　ICT 教育の進展に伴い、iPad などタブレット端末の教育実践への導入が進んでいる。これにより最も大きな恩恵を受けると考えられるのが、音楽科の学習である。例えば、現状では、「音色」の働きについて、子どもが主体的に「音色」を操作しながら確認するようなことは、声やリコーダーといった彼ら自身で表現できる限られた素材の「音色」

でしか実現できない。しかし、多彩な音を自在に組み合わせて鳴らせるアプリを使用すれば、様々な試行錯誤が可能になる。読譜力のない子どもであっても、画面上に音を並べるだけで音楽が再生され、技能的な制約から自由になれる。興味・関心に根ざした活動の中で、音楽的な感性が解放され、試され、育つことで、彼らは必要な知識や技能を身につけたいと動機づけられるのである。

　ましてや、複数の要素の絡む「音楽の縦と横の関係」を学ぶ上で、複数のトラックをもつアプリ等を教具として使わない手はない。ICT教育の環境が整い次第、次のような実践も可能になる。

表現活動における学びの可能性

　複数のトラックに音源を並べて操作する活動として、p.158に示した学習展開例No.2の実践を通して得られたデータを活用する事例がある。

学習展開例 No.1

　①曲のカラオケが流れるGarageBandの伴奏トラックに合わせて歌う。
　②原曲のトラックに重ねて、ハモリパートを歌い録音する。
　③得られた様々な歌声データを相互利用できる音源材料として、自由に組み合わせながら新たなミキシング作品を制作する。
　④互いの作品を交流・評価しながら「音楽の縦と横の関係」に関する工夫と効果を確認する。

　上の①②の活動は、別の単元の学習として実施されたものでも構わない。既存の楽譜に記されている何声かのハモリパートを歌ったデータでもよいし、各自が自由に創作したパートを歌ったものでもよい。伴奏トラックに合わせて歌われた誰かの主旋律の歌声やハモリパートの歌声を材料に、新たなミキシング作品を制作するのである。友達の声だからこそ興味が惹かれ、どうミキシングするかという試行錯誤が学びとなる。材料である歌声はそのまま使ってもよいし、一部を切り取って使ってもよい。何をどのように組み合わせて使うかの取捨選択をしながら、それらの全体や部分の音量（強弱）やパン（音の定位）を変えたり、エコーやコーラスといったエフェクトをかけたりしていく。このような経験を経て、互いの作品を相互評価することで、それぞれが自分では考えもしなかった意外な組み合わせの効果を確認しあうことになる。このような活動を通して「音楽の縦と横の関係」の理解は具体的なイメージをもって理解されることになるのである。

あるいは、複数のトラックが組み合わされた演奏パターンを提案してくれる Mobile Music Sequencer[注]のようなアプリを活用することでも、音楽の「縦」と「横」を操作する効果を確認することができる。

【注】YAMAHA 社製の iOS 用アプリケーション。

　このアプリは、指定したコード進行に従って何小節かのパターンが演奏される方式のシーケンサーがベースになっており、提示されるサウンドを聴き比べながら変化をつけていくことができる。さらに、コードという音の重なりの枠組みに沿った主旋律との関係に着目する展開も考えられる。加えて、オーディオデータからコード進行を抽出して読み込める機能があり、様々な既存の曲も容易に教材化して利用することができる。もちろん、このような高機能なアプリほど、学習の目的に応じてその一部を使用する割り切りが重要であり、操作方法についてもわかりやすく絞って説明することが必要になる。

　このように、「縦」と「横」という複合的な関係の理解を目的とする学習だからこそ、すでに録音されたデータを使ったり、自動演奏パターンに任せたりするなど、操作する内容を限定し、学習のねらいを明確にしておくことが求められる。

鑑賞活動における学びの可能性

　さらに、鑑賞の活動における「音楽の縦と横の関係」の学びの事例を示す。この展開はICT機器を必ずしも必要としないが、可能なら、それを導入することで学習をよりわかりやすいものにすることができる。

学習展開例 No.2

①5、6名のグループに分かれ、指定された楽曲から聴き取れる「音楽の縦と横の関係」を整理する。

②聴き取った「縦」の音の重なりと「横」の音楽の流れを踏まえた集団による身体表現を構想する。

③グループ内で受け持つパートを分担するなどして、それぞれが担当する部分の音楽的な特徴を具体的な体の動きに置き換えた表現を考える。

④音楽に合わせた集団による身体表現として完成させる。

⑤各グループの表現を交流し、「音楽の縦と横の関係」に関する音楽表現の工夫と効果を確認する。

音楽の諸要素の働きを身体表現に変換し、その質的な特徴を確認する学習は、動くことに躊躇しない小学校低学年対象の授業等で特に有効である。また、醸し出される「明るく弾むような感じ」や「重々しい感じ」を体の動きから視覚的に捉えることは、特定の音色のイメージを表現したものに対しても、音楽全体のイメージを表現したものに対しても可能である。後者は、イメージビデオや PV の制作といった活動に発展していくような総合的なアプローチといえるだろう。

しかし、この事例の特徴は、小学校5・6年生を対象とする共通事項「音楽の縦と横の関係」を身体表現によって理解するところにある。まず、「縦」と「横」の複合した要素を整理する①の活動では、それらをできるだけ分離しながら聴く態度が求められる。課題となる楽曲の難易度によっては、聴き取る力の個人差も意識されるが、②③の活動で、各自が割り当てられた音を認識できさえすれば、それを動きに変換する活動に支障はない。実際、全体を聴くと埋もれて聴き取りにくい音でも、友達の音楽に合わせた身体表現として視覚を通して認識されることで聞こえてくるのである。

そのような動きを確認し、振り返る上でグループ活動や発表を適宜録画したり、グループ全員で個々の動きを考えながら録り溜めたものを1画面にまとめて示すようなことも、ICT 機器により可能になる。

考えてみよう・やってみよう

学習展開例 No.2を実施するのに適切と思われる音楽を選曲し、音が鳴っている位置（定位）も反映させた、集団による身体表現を実践してみよう。

49 歌詞解釈の可能性
～メッセージを受け取る姿勢の大切さ～

聴き手による歌詞の理解

　J-POP をはじめとする子どもたちが好む音楽の多くは「歌」であり、「歌詞」を伴っている。ただ、そのほとんどが恋愛をテーマにしたものであるため、それをあえて授業で学ぶ必要はないとも考えられる。しかし、恋愛以外をテーマにした歌からは学べないのか、恋愛の歌から学ぶものも本当にないのかという疑問が残る。ここでは、音楽の諸要素としての歌詞を、作者の意図に照らして「正しく」認識するという立場ではなく、強く印象づけられた内容を聴き手が受け取り解釈するという立場から理解する方法を紹介する[注1]。

問題の所在（私⇔社会）と提案の方法（理性⇔感情）から

　例として、Mr.Children《HERO》の歌詞を分析してみよう。まずは、歌詞を通して読んでみる。（参考まで、以下にその歌詞の一部を示す。）

【注1】この学習展開については、次の報告に詳しい。吉村治広（2005）「歌詞のメッセージ性に着目したポピュラー音楽の学習方法 ―Mr.Children の歌を教材として―」『学校音楽教育研究』日本学校音楽教育実践学会編, 第9巻, pp.158-169

　例えば誰か一人の命と
　引き換えに世界を救えるとして
　僕は誰かが名乗り出るのを待っているだけの男だ

　愛すべきたくさんの人たちが
　僕を臆病者に変えてしまったんだ

　小さい頃に身振り手振りを 真似てみせた
　憧れになろうだなんて 大それた気持ちはない
　でもヒーローになりたい ただ一人 君にとっての
　つまずいたり 転んだりするようなら
　そっと手を差し伸べるよ

　　　　　　　　　　　　　　　　　　作詞　桜井和寿
　　　　　　　　　　　　　Mr.Children《HERO》より

曲を知っている場合にも、音楽を思い浮かべないようにして言葉を追っていく。そして、その歌詞から受け取った内容が、以下の四象限図のどのあたりに位置づくかを総合的に判断する。

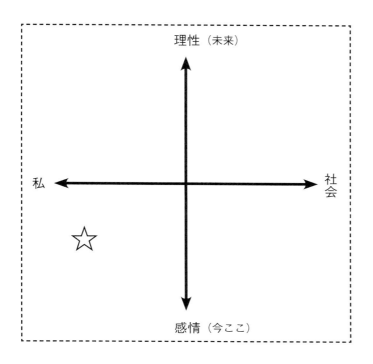

　四象限図の左右の軸は、歌われている内容が「私」に起因するものか、「社会」に起因するものかという観点を示すものであり、上下の軸は、歌われている内容が「理性」的に提案されたものか、「感情」的に吐露されたものかという観点を示すものである。

　まずは、私⇔社会のどちらの問題と判断するかについて考えてみよう。《HERO》の歌詞を読んでいくと、冒頭に「誰か一人の命と引換えに世界を救えるとして」とある。例えば、この部分が強く印象に残ったとすれば、「社会」の問題について歌われた曲との判断に結びつくかもしれない。あるいは、もう少し読み進めて「ヒーローになりたい ただ一人 君にとっての」により重みがあると考えれば「私」の問題と判断することも考えられる。歌詞が一貫してどちらかの方向に偏っていれば判断しやすいが、部分的に天秤の針が傾くことは珍しくない。全体としてどちらに重みを感じたかを総合的に判断して位置づけることになる。

　次に、理性⇔感情のどちらの働きによる提案かを判断する。例えば、最終的に「ヒーローになりたい」という提案がなされたと感じたとしよう。「誰か一人のヒーローになるような生き方をすれば幸せになれる」

といった提案が冷静になされていると感じられれば、理性が強く働いた結果と判断することになる。逆に、「自分のことをヒーローと思ってくれるような誰かと生きていきたい」といった切実な思いが伝わってくれば、感情が強く働いた結果と判断することになる。

このように、私⇔社会、理性⇔感情の二つの観点による判断結果を四象限図に位置づけ印をつける[注2]のである。

【注2】例えば、前ページの四象限図の☆の位置に印をつけることは、「私」自身の問題が、ある程度感情的に訴えられていると受け取ったことを示すものである。

多様な解釈の可能性

当然のことながら、同じ曲を分析しても、聴き手によって印象に残る部分が異なったり、同じ歌詞に対する判断が異なったりすることで、分析結果は全く別のものになる。例えば、単純なラブソングの多くは、「私」の問題が「感情」的に歌われていると位置づけられがちだが、《HERO》の場合は、その結果が四象限図上に散らばることが多く、そのような解釈の多様性が歌詞世界の可能性を示している。つまり、その広がりの中に、投げかけられたメッセージをどう受け取るかという学びが成立するのであり、そのような曲ほど教材としての価値が高いといえるだろう。

例えば、濃密な「私」の生活をどれほど大切に思っても、「社会」から完全に背を向けて生きることはできない。誰もがそのような生き方をすれば、すぐに「社会」が立ち行かなくなり「私」の生活も成り立たなくなる。また、公のために犠牲が求められ「私」の生活が充実しない「社会」が長続きするはずもない。つまり、「私」と「社会」が無関係な問題として完結することはなく、円環しているのである。

同様に、未来に向かって「理性」的になされる提案も、「今ここ」における「感情」面の充実がなければ、その実現に向けた動機づけに成功しない。逆に、長期的な展望がなければ、「今ここ」の充実もすぐに立ち消えてしまう。やはり、これらも互いに無関係ではなく円環しているのである。

つまり、歌詞から印象づけられた問題意識や提案は「あえて」そこに位置づけられたように感じとれたと捉えるべきものである。そして、そのような視点から同時代に生きる作者の歌詞を解釈する経験を経ることで、メッセージを受け取ろうとする態度や資質が育まれていく。もちろん、そのような学びに資するような歌詞に深みのある曲は、それほど多いわけではないが、子どもたちが好む音楽の中にも確かに存在している。そのような曲を教材とすることで、生涯にわたり、音楽をきっかけに成長する可能性が準備できるのである。

歌詞と音楽の相乗効果

　音楽表現そのものから受けるイメージも、私⇔社会、理性⇔感情の二つの観点による判断を補強したり、変化させたりする。例えば、アコースティック・ギターによる弾き語りが「私」を、分厚いコーラスが「社会」をイメージさせたり、無機質なテクノサウンドやポリフォニー表現が「理性」を、攻撃的なディストーション・ギターが「感情」をイメージさせたりする。

　このような音楽的な効果が歌に与える影響について学ぶため、歌詞を読み終わり、四象限図に自分の解釈を位置づけた後には、何となくでよいので、どのような音楽と一体になっているかを予想させる。その上で、実際に歌を聴かせ、歌詞の位置づけがどの方向に引っ張られるかを確認させる。聴き手からすると、自然なサウンドと感じられれば歌詞の解釈に自信がもてるが、意外なサウンドと感じられれば、作者の表現意図を考え歌詞を捉え直すことにもなる。そのように、歌詞と音楽の関連性に気を配りながら感受することにより、聴き手の一人ひとりが、その歌をより深く理解し、価値づけることになるのである。

考えてみよう・やってみよう

　以下の曲の歌詞分析をしてみよう。
　また、歌詞の内容が深いと思う曲を探して分析してみよう。

- BUMP OF CHICKEN《魔法の料理〜君から君へ〜》
　　叱られた後にある 晩御飯の不思議
　　　あれは魔法だろうか 目の前が滲む 〜

- いきものがかり《心の花を咲かせよう》
　　僕等が駆け抜けた時期 明日へと向かう旅
　　　多くを語らず自らその先を見据えてく 〜

- 高橋 優《CANDY》
　　図工の授業で風景画を描いていたときの出来事
　　　「この色キャンディみたいだね」と誰かが笑った 〜

第3章　誰がために鐘(チャイム)は鳴る　　181

50 音楽の世界観を捉える
～映像表現との関連を図って～

仮想現実と音楽の世界観を照合する

　鑑賞の活動では、音楽の「部分」の知覚・感受とともに、それらを含む「音楽全体」を価値づけることが求められる。その際、ある程度の長さの音楽を聴くことで生成されるイメージや世界観は、その音楽の価値づけに大きな影響を与える。例えば、テレビ討論で激しいやり取りをしている候補者同士の映像にデュエット曲をつけたため、二人が歌手にしか見えない動画がある。音楽によって生成されるイメージや世界観は、明らかに別の文脈で録画されたことがわかる映像を錯覚させるほどの力をもっているのである。

　一方で、音楽の「部分」からなる「全体」であるがゆえに、より広がりのある抽象的なイメージや世界観を「言葉」で伝え合い、学び合うことは、それを「部分」に限って行うことより難しくなる。そこでここでは、音楽とドラマの映像を合わせることを通して、物語のシーンから感じられる雰囲気を準拠枠としながら、音楽によって生成されるイメージや世界観を確認する学びの実践事例を紹介する。

ドラマの BGM を考える活動を通して

　まずは、登場人物やその場面にいたるストーリーの流れを確認した後、課題となる映像に合う BGM を複数の候補曲から選んでつけていく展開が挙げられる。映像によって生成されるイメージが明確であるほど、音楽による効果の違いが意識されやすいため、登場人物のセリフ入りのシーンを使いたい。セリフは字幕で表示する。実際には、元々字幕の入っているドラマや洋画などを題材に、その一場面を取り上げるのが現実的だろう。

　音楽を選ぶ活動では、映像を教室のスクリーンにくり返し映し出しておけばよいが、個人、あるいは、グループで候補曲を自由に聴いて確認できる CD プレーヤーやタブレット端末等の機器が必要になる。シーンのどの瞬間にどの音楽を合わせたかは、セリフや映像の切り替わりを時間軸代わりに印刷したワークシートに書き込ませて記録させる。

例えば、悲しいシーンが題材であっても、そのシーンにあう悲しみの質を表現する音楽としてより相応しいのはどれかという判断を映像に合わせて行うことになる。また、登場人物の心理が微妙に変化したと感じられたところで、音楽を変化させるか否か、変化させるならどのようにするかを自らの感性に照らして考え、選択していく。あるいは、逆に明るめの音楽をつけることで悲壮感が際立ったり、コメディにしか見えなくなったりといった音楽と映像による複合的な効果の学びにもなる。

　あえて長めのシーンを題材とすることで、細かく音楽を切り替えるような工夫や、つないだ音楽同士の前後関係によって生じる新たな味わいにも気づくこともできる。音楽の「部分」の総合によってイメージや世界観が生成されることを経験的に知ることになるのである。

劇伴を創作する活動を通して

　さらに、複数の候補曲から選ぶ実践の発展として、映像に合わせた音楽を制作する展開も可能である。ただし、ある程度のまとまりをもった音楽によって生成されるイメージや世界観の効果を確かめることを目的とするため、効果音的なものに依存したり、時間をかけて細部にこだわった創作を行うことはしない。iPad が導入されている環境であれば、Mobile Music Sequencer 等の演奏パターンを提案してくれるアプリを使うことで、表現上不可欠な知識・技能の細かな点に気をとられることなく、自らの感性に従った大胆な取捨選択が可能となる。結果として、既存の楽曲を選択する活動よりも、物語のシーンから感じられる雰囲気に音楽の世界観を近づけられる活動となるのである。

　p.150にも紹介した音楽科の学生を対象とする実践では、Mobile Music Sequencer で制作したサウンドをバックに、さらにピアノで主旋律の創作まで行った。バッキング的なサウンドだけでも学習効果は十分であるが、単旋律をつけ足したことで、音楽はより明確な輪郭をもって浮かび上がった。それはそれで、完結されていたはずの音楽の世界観を変化させるとともに、旋律が音楽全体のイメージに与える影響力の大きさを示したのである。

> **考えてみよう・やってみよう**
>
> 　ソチオリンピックで羽生結弦選手が金メダルを獲得したショートプログラムの演技を、別アレンジの《パリの散歩道》に合わせてみよう。羽生選手の動きの質に何か違いを感じられただろうか。

51 ミュージカルやアーティストに学ぶ
〜音楽の社会的役割〜

仮想現実や現実に学ぶ

　音楽の文化的背景を学ぶ方法として、実在する（した）アーティストや仮想現実といえるミュージカル等の物語中の登場人物に焦点をあてることは極めて有効である。アーティストや登場人物の立場に立ち、なぜそのとき、その状況の中で、そのように行動することが必要だったのかを考えることが、「自分ごと」の追体験や疑似体験となるからである。さらに、音楽の聴取を通して情動に働きかけられることで、登場人物の心情への共感が増すとともに、異質な他者の立場への理解も深まる。

　また、そのような学びには、表現や鑑賞の活動において核になる音楽の諸要素の働きの知覚・感受はもとより、評価の観点に示される音楽表現の創意工夫、音楽表現の技能、鑑賞の能力の育成とも関連する広がりが期待される。ただ、これまでの多くの授業実践における文化的背景に関する学びは、時代背景をなぞったり、作曲者の人生やエピソードを追うだけにとどまったりする場合も多く、その内容の吟味が求められる。

ミュージカルから学ぶ

　仮想現実といえるミュージカルであるが、ストーリーの種類や音楽のジャンルからみても様々なものがある。とりわけ、社会問題を扱ったものに教材としての特別な価値が見いだせるだろう。例えば、音楽のわかりやすさからよく扱われる「サウンド・オブ・ミュージック」を、家族愛の物語として捉えることも、戦争の時代を描いたものとして捉えることもできる。

　しかし、魅力的な登場人物とその関係性、ストーリー展開、悲劇的な幕切れと残された希望が具象する現代的なリアリティ、そして音楽の素晴らしさから「ウエスト・サイド物語」を超えるものはまだないように思われる。超格差社会やグローバル化への疲れが指摘される現在の世界情勢だからこそ、このミュージカルを通して学べる内容はより輝きを増しているだろう。

アーティストから学ぶ

　例えば、ジョン・レノンの生き方とその音楽に学ぶことができるだろう。ポール・マッカートニーと出会った彼は、互いの個性をぶつけ合いながら、ビートルズ以前・以後と区別されるほど新しい音楽をつくっていった。ビートルズ時代だけでも、反戦歌《風に吹かれて》等で有名なボブ・ディランの影響を受けて歌詞づくりの幅を大きく広げ、様々な楽器や編成、電子音楽を演奏不能な規模で取り入れ、シングルの寄せ集めではないアルバムやPV的な映画を制作し、世界中に「ビートルマニア」と呼ばれるファンを生むなど、アーティストとしての功績は類をみないものである。

　それゆえ、そのような文化的背景のどれか一つに絡めて学びを構成することも可能であるが、そのように大成功を収めた彼が仕事をやめ、家族のために「主夫」として生きることに幸せを感じていたこと、そして、成長した子どもに働く父の姿をみせるため、家族への愛を歌った作品とともに復帰したことに注目してみたい。彼が示した新しい生き方は、現在、ようやく受け入れられるようになってきたものといえる。その当時の彼の思いを復帰作品から読み取ることができるだろう。

　なお、その直後に彼は殺されてしまったが、彼の残した作品は注目され続けている。とりわけ、妻ヨーコの活動もあり、《Imagine》は戦争やテロが起きる度に注目され、今も大きな影響力を持ち続けている。

Imagine

Imagine there's no heaven
It's easy if you try
No hell below us
Above us only sky
Imagine all the people living for today

Imagine there's no countries
It isn't hard to do
Nothing to kill or die for
And no religion too
Imagine all the people living life in peace

You, you may say
I'm a dreamer, but I'm not the only one
I hope someday you'll join us
And the world will be as one

Imagine no possessions
I wonder if you can
No need for greed or hunger
A brotherhood of man
Imagine all the people sharing all the world

You, you may say
I'm a dreamer, but I'm not the only one
I hope someday you'll join us
And the world will be as one

IMAGINE
Words and Music by John Lennon
© by LENONO MUSIC
Permission granted by FUJIPACIFIC MUSIC INC.
Authorized for sale in Japan only.

考えてみよう・やってみよう

　《Imagine》は、ラジオやテレビで放送禁止になったこともある。その理由とともに、この最も効果的な表現方法について考えてみよう。

52 プロデュースを通して考える
～そのよさを最高に生かすには～

スキー場で流れていない《スキーの歌》を教材に

音楽の「よさ」について考える活動の具体として、「そのよさを最高に生かした何か」をプロデュースさせるという方法がある。以下に示す例は、スキーを題材にした歌唱共通教材でありながら、スキー場では耳にしない《スキーの歌》[注1]を使用したものであるが、教材は指導のねらいに照らして様々な曲に入替可能である。

学習展開例 No.1[注2]

① 《スキーの歌》と《ゲレンデがとけるほど恋したい》[注3]の違いについて小グループ（ホーム班）で検討する。

② グループのメンバーを入れ替えたジグソー班で《スキーの歌》の「よさ」について検討する。

③ 再びホーム班に戻り、小グループごとに《スキーの歌》の「よさを最高に生かした何か」のプロデュース案を考える。

④ 企画したプロデュース案を発表し、相互評価する。

例えば、この《スキーの歌》の「よさ」を理解できないということは、子どもたちにとって、学校で何となくリアリティのない歌を歌わされたという記憶が残るだけの不幸な結果になる。しかし、将来、音楽の授業で、それを指導しなければならない立場になり得る学生にとっては極めて現実的で深刻な問題になってくる。実際、学生を対象に実践してみると、《スキーの歌》の「よさ」を理解するどころか、辛辣な生の声が聞こえてくる。

①～③の活動は、いずれも4、5名程度の小グループで協働的に行う。①の活動では、スキー場で流れている印象の強い《ゲレンデがとけるほど恋したい》と比較させることで、《スキーの歌》への違和感を自由に語り合わせる。恋愛がテーマで「チャラチャラした」感じはあるものの音楽のノリのよさが好印象な《ゲレンデがとけるほど恋したい》に対し、《スキーの歌》は「笑える」とまで酷評される。そこで、②の活動で

【注1】小学校5年生を対象とする歌唱共通教材。林柳波 作詞、橋本国彦 作曲による。

【注2】この学習展開については、次の研究でも報告している。吉村治広（2012）「教員養成における探究型授業実践の試み ―歌唱共通教材の価値を考える―」『学校音楽教育研究』日本学校音楽教育実践学会編, 第16巻, pp.247-248

【注3】広瀬香美の歌う1995年発売のヒット曲。本人の作詞・作曲・編曲による。

は、逆に、あえて酷評された《スキーの歌》側から、その「よさ」について考えさせる。するとようやく、歌唱共通教材だからこそ歌い継がれてきたなどの《スキーの歌》の文化的価値への言及がみられるようになる。その上で、③の活動では、《スキーの歌》の「よさを最高に生かした何か」のプロデュース案を考える。無限の予算と人脈をもつ広告代理店の社員になったつもりで、責任ある「仕事」として、どうすることが曲のよさを生かすことになるのかを考え、様々な企画を出し合っていく。

自分たちで自分たちにとっての「よさ」を見いだす

音楽の「よさ」を考えるとき、まずは、音楽の諸要素の働きによって生まれる雰囲気やイメージから、音楽そのものの効果について考えることができる。しかし、そこに音楽的な魅力を感じられない場合には、「なぜだろう」や「困ったなぁ、どうしよう」といった思いをもたせるような動機づけが必要になる。音楽の背景の理解に関わる学びに軸足を置きながら、音楽そのものの「よさ」にも気づかせていく。

この展開においては、「最大限に生かす」という条件がつく③の活動に至って、改めて音楽の「よさ」に真剣に向き合うことが求められ、②のジグソー班での活動における「対話的な学び」の記憶の断片が呼び起こされることになる。また、「何かをプロデュースする」という明確な目標が示されることで、その「よさ」は何と結びつくことで補強され、意味合いを変えながらも輝きを増すのか、具体的で総合的な効果をイメージしあった意見を出し合うことになる。このような活動が、自分たちの手で音楽を価値づける過程そのものとなるのである。

もちろん、最後まで否定的な評価が変わらないこともある。《スキーの歌》を指導しなければならない学生にとっては、問題が解決したことにはならないが、この実践がその曲について「どうしてそうなのかを考えるきっかけに」なったことが重要である。あるいは、「世代を超えて受け継ぐ」ことに価値が見いだされたのであれば、そのために最も効果的な方法は何なのか、荒唐無稽なものから、身近に実践できそうなものまで互いの企画を相互評価する中で、その音楽の「よさ」を子どもたちに伝えるヒントが得られるのである。

> **考えてみよう・やってみよう**
>
> 広告代理店の社員になったつもりで、歌唱共通教材《子もり歌》の「よさを最高に生かした何か」のプロデュース案を企画しよう。

第3章 誰がために鐘（チャイム）は鳴る　187

53 強度[注1]発生の現場から
～アイドルという総合芸術～

【注1】「濃密さ」を意味する用語。宮台は「意味」にすがることが少なくなった成熟社会において濃密な生を確保する必要性を「意味から強度へ」と主張している。宮台真司・速水由紀子（2000）『サイファ覚醒せよ！世界の新解読バイブル』筑摩書房 他

音楽における異文化受容の実態

　音楽の「好みとよさの切断」の必要性は p.161 に述べたとおりだが、音楽に付随する特有の文化的背景そのものを受け入れ難く感じ、結果として、音楽をシャットアウトしてしまうことがある。例えば、数年前には、ボーカロイドの歌う音楽を学校の給食の時間中に放送することが教員に禁じられたというエピソードがネット上で話題になった。これとは別に、ボーカロイドの歌う音楽が、それを聴いて嫌な気分になる者もいるという理由で使用が控えられているという例を複数耳にしたこともあった。（最近ではあまり耳にしない。）

　ボーカロイドは、人間の生身による声でしか表現できなかった「歌」を、機械が器楽的に表現するという音楽史上革命的な発明といえる。だからこそ、その機械的な歌声に不自然さを感じ、好まない者が少なからずいても不思議ではない。実際、歌唱表現に対する思い入れが強い聴き手ほど、その理想とズレた表現を聞かされ続けることをつらいと感じてしまうものである。それは、新しい表現をどの程度受け入れられるかという許容度の問題ともいえるが、各々の音楽観はそれまでの経験を経て確立されてきたものであり、ボーカロイドがそれまで全くなかった表現であることを考えれば、その是非が問われるべきではない。

　だが、ボーカロイドが「初音ミク」というキャラクターの声として世に出ていることに、アニメや漫画の表現を「オタク文化」的なもの、低俗なものと考え、そこに違和感を覚える者もいる。一方で、そのキャラクター性がつけ加えられたことで、多くの人に受け入れられ一般化したことも否定できない。事実、ネット上の動画で、視聴者によるコメントが画面を埋め尽くし「弾幕」のように流れていく様は、まるでアイドルのコンサートが時空を超えて行われているようにも感じられる[注2]。

【注2】濱野は、このようなニコニコ動画の特性を「疑似同期型」と名づけて指摘している。濱野智史（2008）『アーキテクチャの生態系―情報環境はいかに設計されてきたか』NTT出版, pp.208-214

　このような文化受容に関わる価値観の衝突は、互いの文化を尊重し、共生することが求められる21世紀の教育において克服されなければならない。「ボカロ差別」や「アニメ声いじめ」等が起こる背景で働く価値観が、なぜ、どのように形成されたかを問い直していく必要がある。

「アイドル」の教材性

　例えば、美学者の安西は、ももいろクローバーＺのパフォーマンスを身体、楽曲、演出、成長過程、日本の観点から分析し、音楽以外の様々な要素の多層化、豊穣化の作用によって「今ここ」の音楽経験が濃密な体感として迫ってくることを指摘している[注3]。好き嫌いは別にして、まさに、そのパフォーマンス全体が総合芸術として成立しているといえるだろう。

　しかし、このように様々な音楽的特徴や文化的背景を持ったものが、音楽科の教材として扱われてこなかった。削減されても増える見込みのなさそうな授業時間数の中で、すでに指導している内容を減らしてまで扱うには実践者の音楽観の変容が必要になる。しかし、多忙すぎる実践者に、ポピュラー音楽研究の成果が共有されるには至っていない。そもそも、クラシック音楽を学び、その技能や価値観を基盤とする者が音楽科の教員養成に関わる学部教員のほとんどである。このような状況の中で、音楽科の学びを「アイドル」にまで広げて展開できるような実践者はなかなか出てこないだろう。

【注3】安西信一（2013）『ももクロの美学〈わけのわからなさ〉の秘密』廣済堂出版

価値観の衝突を超えて

　例えば、「『手のわざ』も『色』や『形』も実は美術の本質ではない」ことを、偽名のサインをしただけの男性用小便器を美術館に置き「それを作品と見なす文脈を用意してやれば、十分作品として成立する」と主張した有名なデュシャンの「泉」[注4]のように、同じ芸術教科ながら音楽ジャンル間のヒエラルキーとは無縁な美術科の学びもヒントになる。

　「アイドル」から学ぶのであれば、他の教材とは異なる「アイドル」ならではの価値に注目したい。おそらく、その「売り方」や観客の受容の実態といったあたりから考えていくことになるのだろう。

【注4】神野真吾（2014）「美術が『わかる』とはどういうことか？」『美術教育の題材開発』武蔵野美術大学出版局, pp.56-60

考えてみよう・やってみよう

　「校内合唱祭」を校外の方々にも公開することにした。現在のところ、招待状の宛先は以下の三つから決定する予定である。出席者に大満足してもらうには、どのような工夫をするとよいか。

　　①幼稚園児50名
　　②外国人旅行者200名
　　③アイドルコンサート参加者1,000名
　　3とおりの出席者、それぞれの場合に応じた具体策を考えよう。

〈付録〉小学校歌唱共通教材

I　ハ長調（C、F、G）

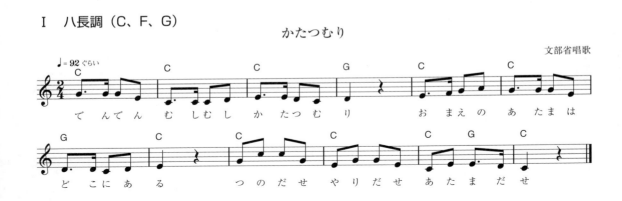

かたつむり
文部省唱歌

夕やけ こやけ
中村雨紅 作詞
草川 信 作曲

春が きた
文部省唱歌
高野辰之 作詞
岡野貞一 作曲

虫のこえ

文部省唱歌

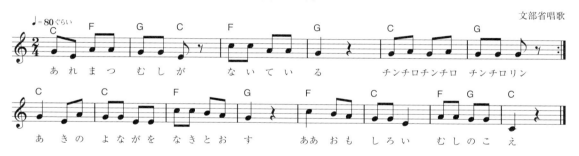

春の小川

文部省唱歌
高野辰之 作詞
岡野貞一 作曲

ふじ山

文部省唱歌
巖谷小波 作詞

〈付録〉小学校歌唱共通教材

まきばの朝

文部省唱歌
船橋栄吉 作曲

とんび

葛原しげる 作詞
梁田 貞 作曲

Ⅱ　ヘ長調（F、B♭、C）

ひのまる

文部省唱歌
高野辰之 作詞
岡野貞一 作曲

もみじ

文部省唱歌
高野辰之 作詞
岡野貞一 作曲
中野義見 編曲

こいのぼり

文部省唱歌

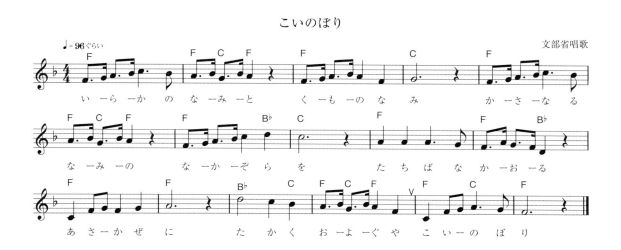

〈付録〉小学校歌唱共通教材

冬げしき

ふるさと

Ⅲ　ト長調（G、C、D）

うみ

文部省唱歌
林　柳波 作詞
井上武士 作曲

茶つみ

文部省唱歌

スキーの歌

文部省唱歌
林　柳波 作詞
橋本国彦 作曲

〈付録〉小学校歌唱共通教材

Ⅳ　ニ長調（D、G、A）

われは海の子

文部省唱歌

Ⅴ　ハ長調（弱起）

おぼろ月夜

文部省唱歌
高野辰之　作詞
岡野貞一　作曲

Ⅵ 日本の伝統音楽

ひらいたひらいた

わらべうた

かくれんぼ

文部省唱歌
林 柳波 作詞
下総皖一 作曲

うさぎ

日本古謡

さくら さくら

日本古謡

〈付録〉小学校歌唱共通教材

子もり歌

日本古謡

越天楽今様

慈鎮和尚 作歌
日本古謡
鹿野 要 編曲

〈著者紹介・執筆分担〉

橋本龍雄 （第1章）

1955年生。大阪教育大学大学院修了。修士（教育学）：大阪教育大学

22年間大阪の公立小学校教諭（最後の6年間は大阪教育大学非常勤講師を兼職）、福井大学教授を経て現在、大阪音楽大学教授。

「授業にもっと笑いを！」をモットーに、いまだに駆け回っている。

子どもの本音、教師のホンネを大事にして、キレイごとや理屈ではやってられない学校現場の実情をつかんだ教育実践論に人気がある。「ケチャ」や「リコーダー」の実践を40年、古代楽器「土笛」の総合的実践研究を30年以上続けている。

【主な著書・論文】小学校音楽教科書（教育出版）の執筆・編集（1995～現在）。『ケチャ・パーティー』（教育出版）、『カリブ海の風』（トヤマ出版）、『古代楽器『土笛』を用いた、一貫型音楽活動体験新教育プログラムの開発』（JSPS 科研費 25381245） 等

松永洋介 （第2章）

大阪教育大学大学院修了。修士（教育学）：大阪教育大学

西成少年少女合唱団指導者、大阪市内国公立小学校教諭、大阪教育大学、名古屋芸術大学、三重大学等の非常勤講師を歴任。現在、岐阜大学教授。

研究分野は音楽創作学習、教育方法論（授業分析、カリキュラム論）。音楽の授業が苦手だった男子が音楽づくりになると生き生きと取り組む姿を見たことが研究の原点。理論と実践の一体化をモットーに研究を進めている。

【主な著書・論文】「英国ナショナルカリキュラム2013年版における音楽科の創作領域の扱いについて」「音楽科における21世紀型スキルの展開についての一考察 ―国際バカロレアの探究活動を中心に―」「音楽科において21世紀型能力の授業は可能か？」等

吉村治広 （第3章）

1965年生。兵庫教育大学大学院連合学校教育学研究科修了。博士（学校教育学）：兵庫教育大学

福井県教育研究所企画主査のほか、福井県で18年間の中・高等学校教諭（上越教育大学への内地留学を含む）を経て現在、福井大学教授。

「先生、なんでこの歌を歌わなあかんのや？」という生徒の声をきっかけに始めた「ポピュラー音楽の教材化」が、いつの間にかライフワークになっていた。近年は、教職大学院での兼担経験を踏まえ、教科内容学や ICT 教育の可能性にも注目している。

【主な著書・論文】『最新中等科音楽教育法　中学校・高等学校教員養成課程用』（共著）音楽之友社、『中学校音楽科の授業と学力育成 ―生成の原理による授業デザイン―』（共著）廣済堂あかつき、「学校教育におけるポピュラー音楽の教材化に関する実践学的研究」兵庫教育大学博士論文　等

「先生力」をつける！…待ち遠しい音楽授業のために

2017年5月15日　第1刷発行

著　者　橋　本　龍　雄
　　　　松　永　洋　介
　　　　吉　村　治　広

発行者　山﨑富士雄

発行所　教育出版株式会社

〒101-0051 東京都千代田区神田神保町2-10
電話 03-3238-6965　振替 00190-1-107340

© T. Hashimoto／Y. Matsunaga／H. Yoshimura　2017
Printed in Japan
落丁・乱丁はお取替いたします。
JASRAC 出 1704073-701

組版　ひとま舎
印刷　藤原印刷
製本　上島製本

ISBN978-4-316-80441-5　C3037